# Yo sé cómo hacerlo

La historia de Joan Soriano,
el músico que toca bachata

*Joan Soriano y Karen Rowan*

FLUENCY FAST LANGUAGE CLASSES

*Command Performance Language Institute*

# Yo sé cómo hacerlo
## La historia de Joan Soriano, el músico que toca bachata
by
Joan Soriano and Karen Rowan

is published by
FLUENCY FAST LANGUAGE CLASSES,
which offers dynamic
spoken language classes
which enable students to acquire
Arabic, French, German, Mandarin,
Russian or Spanish
easily, inexpensively, effectively
and in a brief period of time.

with

*Command Performance Language Institute*,
which features
comprehensible readers
and resources for optimal
language acquisition

Edited by Contee Seely, Pol (Pablo Ortega López) and Margarita Pérez García

lllustrated by Pol (Pablo Ortega López) (www.polanimation.com)

An **audio version** of *Yo sé cómo hacerlo* may now be available. Resources for teachers are available at *www.fluencyfast.com/bachata*

Copyright ©2022, Command Performance Language Institute
(www.CommandPerformanceBooks.com)

ISBN: 978-1-956170-00-9

*Quiero dedicar este libro primero a Dios. Lo dedico a mis padres Juana y Candelario (Candé), a mis hermanos y a mi público. También lo dedico a mi esposa Alexandra y a mi hijo Jordy.*

*Sin olvidar a Karen Rowan, una persona muy especial para mí y sin la cual este libro no existiría. ¡Te lo agradezco, amiga! Te lo agradezco mucho.*

*Hoy le doy las gracias a Dios y a mis padres por traerme al mundo para darle música al mundo entero. Yo sé cómo hacerlo.*

— Joan Soriano

*I want to dedicate this book first to God. I dedicate it to my parents, Juana and Candelario (Candé), to my brothers and sisters and to my fans. I also want to dedicate it to my wife Alexandra and my son Jordy.*

*There is one other person who is very special to me who I would like to thank. The idea for this book came from her. That person is Karen Rowan.*

*Today I give thanks to God and to my parents for bringing me into the world to bring music to the whole world. I know how to do it!*

— Joan Soriano

## Suggestions for Reading this book on your own
(rather than having it taught to a class by a teacher)

1. It should be 90 to 98% comprehensible. That means you should understand almost all of the words.

2. There is a glossary in the back in case you need to look up any words. It's okay if you don't understand every single word. If the expression is important, it will reappear and explain itself; if it is not so important, it is no big loss to skip it. If the book feels difficult, try an easier one like Don Quijote, el último caballero.

3. Reading should feel fun. Ideally, you should get lost in the story.

4. Reading is more pleasurable when the reader is really interested in the subject. If you would like to listen to Bachata music or watch videos of Bachata dances or watch Joan Soriano performing before beginning this book, we have gathered a lot of information here: ***www.fluencyfast.com/bachata***

You can also listen to Joan Soriano's music on your music app or on his website, ***https://joansorianomusic.com/music/***

The book is written specifically for language learners and I hope it will be taught by Spanish teachers to their classes (go to fluencyfast.com/bachata) so that they can experience this story so deeply that they love bachata music and can even dance bachata by the time they finish.

I hope that those who are already fans of Joan Soriano will read this book and learn about and be inspired by his determination and that their appreciation of his music grows as they learn of the path that he followed.

# INDEX

Dedication............................................................................................................ iii

## PARTE 1: La Luisa — 1

| CAPÍTULO 1 | **Todos los niños pa' fuera** – La Luisa, República Dominicana 1978 | 3 |
| CAPÍTULO 2 | **La Guitarrita** – La Luisa, República Dominicana, 1979 / 80 | 8 |
| CAPÍTULO 3 | **Los instrumentos de Tatico** | 14 |
| CAPÍTULO 4 | **El primer radio** | 19 |
| CAPÍTULO 5 | **La fiesta de Candé**   𝄞 *Canción "La fiesta de Candé"*[A] | 23 |
| CAPÍTULO 6 | **La Recolecta** – La Luisa, 1983 | 27 |
| CAPÍTULO 7 | **Cuerdas Duras, Dedos Duros** | 31 |
| CAPÍTULO 8 | **Joan vio el cuento mal parado** – La Luisa, 1984 | 34 |
|  | 𝄞 *Canción "Madre sonríe"*[B] | 41 |
|  |  | 45 |

## PARTE 2: Villa Mella

| CAPÍTULO 9 | **Toque de Queda** – Villa Mella, 1984 | 47 |
| CAPÍTULO 10 | **La Puerta Cerrada** – Villa Mella, 1984 | |
| CAPÍTULO 11 | **La guitarra tan suave como mantequilla** – Villa Mella, 1984 | 55 |
| CAPÍTULO 12 | **El demo del muchachito que dice que puede tocar Bachata** | 59 |
| CAPÍTULO 13 | **¿Dónde aprendiste a tocar así?** – Villa Mella, 1984 | 62 |
| CAPÍTULO 14: | **Vete a casa, Muchachito.** | 67 |
| CAPÍTULO 15: | **Segunda Guitarra** | 69 |

## PARTE 3: Joan Soriano, el músico profesional — 73

| CAPÍTULO 16 | **¡EL MUCHACHITO VA A CANTAR EN LA GRAN PARADA HOY!** | 75 |
| CAPÍTULO 17 | **Lo mío es la música** – Villa Mella 1984 | 80 |
| CAPÍTULO 18 | **El radio de Candé** – La Luisa, 1998 | 85 |
| CAPÍTULO 19 | **La entrevista** | 87 |
| CAPÍTULO 20 | **Volviendo a La Luisa** – La Luisa, 2019 | 92 |
|  | 𝄞 *Canción "Vocales de amor"*[C] | 97 |

Thanks.................................................................................................................. 101
Note from Karen Rowan....................................................................................... 103
About Karen Rowan.............................................................................................. 105
Karen Rowan's other books................................................................................... 106
GLOSSARY........................................................................................................... 111

*CREDITOS DE CANCIONES:*

  *A: **La Fiesta de Cande** (Fragmento) – Joan Soriano – Álbum: La Fiesta de Candé 2004*
   *Escrito por David Paredes la Pez*
  *B: **Madre Sonríe** por Joan Soriano – Álbum: La Fiesta de Candé 2004*
  *C: **Vocales de Amor** – Joan Soriano – Álbum: El Duque de la Bachata 1998*

# Parte 1:
# La Luisa

# CAPÍTULO 1

## Todos los niños pa' fuera

*La Luisa, República Dominicana, 1978*

—¡Todos los niños pa' fuera! ¡Los niños pa' fuera!

Los músicos se sentaron en un semicírculo al aire libre[1] en un sitio cerrado con ramas de coco entre las casas. Las personas pagaron unos pesos para escuchar música o bailar. Era de noche cuando los vecinos empezaban a llegar.

Joan Soriano tenía seis años. Era bajo y flaco. Tenía pelo negro y rizado y ojitos negros. Vio el grupo de músicos. Había una marimba, una guitarra, un tambor, unas maracas y un cantante.

El grupo empezó a tocar una canción sobre el amor. Él escuchó la voz del cantante. Todas las personas del público cantaban con la música. Joan pensó que todos estaban contentos escuchando la música.

*Tom tom tom tom*

*Pum pum pum pum*

*Bum bum bum bum*

*Tucutún tucutún tucutún tucutún*

*Cun cun cun cun Cun cun cun cun*

---

1 Outdoors

Joan se puso la mano en el pecho y sintió el latido de su corazón. Su corazón latía al ritmo de la canción, al ritmo de la bachata. Sentía que llevaba la bachata en la sangre. Joan escuchaba todo en silencio.

La voz de uno de los adultos rompió el momento mágico. Joan oyó:

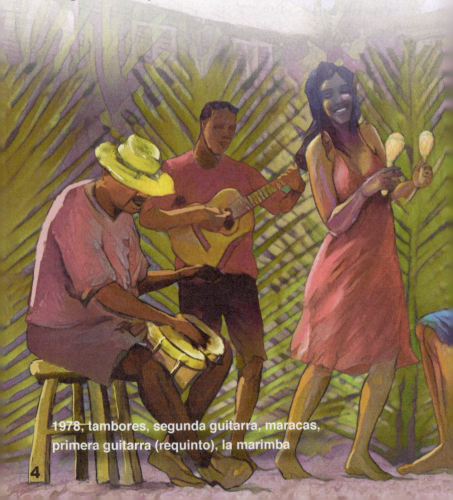

1978, tambores, segunda guitarra, maracas, primera guitarra (requinto), la marimba

—¡¡Todos los niños pa' fuera!!

A los niños no los permitían en fiestas de adultos. Entonces, oyó la voz de un adulto:

—¡¡Los niños pa' fuera!!

Poco a poco los niños se fueron del círculo de música, pero Joan no se fue.

Otra vez oyó la voz de otro adulto:

—¡Los niños pa' fuera!

Joan quería seguir escuchando. Cuando los otros niños se fueron, Joan pensó: «Yo sé cómo hacerlo». Rápidamente, se metió debajo de la silla de uno de los músicos. No había mucha luz. Joan era tan pequeñito que nadie lo vio cuando se escondió allí. Y allí pasó toda la noche. Escuchando. Nadie lo vio.

En La Luisa, a cincuenta y cinco (55) kilómetros de la capital de Santo Domingo, Joan escuchaba la guitarra, la marimba, el tambor y las maracas. Escuchaba al cantante.

Joan no entendía por qué la bachata le gustaba tanto. Solamente tenía seis años, pero su corazón ya latía al ritmo de la bachata.

*Tom tom tom tom*

*Pum pum pum pum*

*Bum bum bum bum*

*Tucutún, tucutún*

Cun cun cun cun Cun cun cun cun

Esa noche, Joan se durmió con ese sonido en la mente. Cuando se levantó por la mañana, todavía lo escuchaba. Cuando salió a la calle, caminando por aquí y por allá, todavía escuchaba el sonido de la guitarra. No se le quitaba esa música de la mente.

La llevaba en su sangre. La llevaba en su corazón. Era el ritmo de su corazón.

*Tom tom tom tom*

*Pum pum pum pum*

*Bum bum bum bum*

*Tucutún, tucutún*

*Cun cun cun cun Cun cun cun cun*

> ***En las palabras de Joan:***
>
> *«Los niños no los aceptan en fiestas de gente ya mayores, de gente grande. Entonces, desde niño me ha gustado la música y más de bachata. Cuando estaban sacando a todos los niños: "los niños para afuera", yo era muy pequeñito y me metía debajo de la silla de los músicos que estaban tocando.».*

# CAPÍTULO 2

## La Guitarrita

*La Luisa, República Dominicana, 1979 /1980*

El hermano mayor de Joan, Tatico, tenía quince años. Un día, Tatico tuvo una idea. Tenía una lata rectangular de la cocina de su mamá. Era de metal.

Le hizo un círculo en medio de la lata. Agarró una madera y se la puso en la lata para hacer el cuello de la guitarra. Tatico usó la tabla de madera para el cuello de la guitarrita. Le puso cuatro cuerdas de nylon. No eran cuerdas de guitarra. ¡Eran de nylon de pescar! Las cuerdas eran distintas: unas más gruesas que las demás[2].

Tatico nunca tocó la guitarra. Pasó mucho tiempo construyendo la guitarra pequeña porque pensaba venderla por unos pesos. La puso cuidadosamente arriba en una habitación, y se fue a trabajar.

El pequeño Joan, que solamente tenía siete años, era demasiado joven para trabajar con su padre en el campo.

---

[2] some thicker than the rest

*Tom tom tom tom*

Pensaba todo el día en salir por las noches a escuchar bachata. Solamente pensaba en la música. Tatico se fue a trabajar. Joan entró en la habitación. Vio la guitarra. La miró con los ojos muy abiertos. Sabía que no tenía permiso de tomarla. Sabía que su hermano le iba a dar una pela[3] por robar la guitarra. Por fin, pensó, «Yo sé cómo hacerlo».

A escondidas de su mamá, cuidadosamente puso una silla cerca de la guitarrita.

Joan se subió en la silla, estiró sus piernas, sus pies, sus brazos y sus dedos para agarrar la guitarra.

Pero no la pudo agarrar. Era demasiado pequeño.

Estaba nervioso. Oyó el latido de su corazón en su pequeño pecho. Pensó que su mamá lo iba a ver. Pensó que Tatico le iba a dar una pela.

*Tom tom tom tom*

*Pum pum pum pum*

*Bum bum bum bum*

*Tucutún, tucutún.*

*Cun cun cun cun Cun cun cun cun*

De repente, la guitarrita se movió y cayó directamente en las manos de Joan. Joan la agarró, bajó rápido, salió de la casa sin hacer ruido y se

---

[3] le iba a dar una pela = was going to give him a spanking or a beating

escondió afuera de la casa.

Joan pensaba que estaba escondido.

> ### En las palabras de Joan:
> *«Entonces, yo era el más chiquito, el más pequeño de los hermanos míos. Soy el número siete de quince. Y en ese tiempo éramos como ocho. La otra hermana mía, la que me siguió a mí, era pequeñita también. Entonces, cuando mi hermano se fue con mi papá a trabajar, yo agarré la guitarrita, escondido de mi mamá. Yo pensaba que estaba escondido, pero no estaba escondido nada».*

Joan no sabía cómo tocar. No sabía nada. Nunca había tocado un instrumento. Con el sonido que llevaba en la mente de todas las noches de escuchar la música desde debajo de la silla del músico, Joan empezó a tocar la guitarrita.

*Tom tom tom tom*

Joan no vio a su madre.

Su mamá vino hasta donde Joan estaba y le dijo:

—Dale, hijo. Sigue tocando. Síguele dando[4].

Así hablaba su mamá.

---
4  Dale = Play it (the guitar) (literally, give to it (the guitar)). Sigue tocando = Keep on playing. Síguele dando = Keep on playing it (the guitar).

Joan tuvo miedo.

« ¡Ay! Que cuando venga Tatico, eso es una pela segura» pensó Joan.

Tuvo miedo todo el día. Su mamá le iba a decir que él le agarró la guitarrita[5].

Su hermano y su padre llegaron a las seis de la tarde. Toda la familia se había reunido para comer.

Su mamá llamó a Joan. Ella le dijo:

—Joan, ¡ven acá!

Joan no quería ir. No quería tocar. Joan llegó despacio y vio que su mamá tenía la guitarrita de Tatico en la mano.

Ella le dijo:

—Dale, hijo. Sigue tocando. Síguele dando para todos.

Joan, con sus manos pequeñitas, empezó a tocar la guitarrita que Tatico inventó.

*Tom tom tom tom*

Toda la familia escuchó la canción familiar.

Joan pensó que su hermano Tatico iba a estar enojado porque él agarró su guitarrita nueva.

No, pero no fue así. Fue todo lo contrario.

---

5 él le agarró la guitarrita = he (Joan) took (literally, grabbed) his (Tatico's) little guitar (literally, grabbed from him the little guitar)

—Te voy a dar la guitarrita.

Tatico le regaló la guitarrita. No la vendió.

Joan empezó a enseñarse a sí mismo a tocar la guitarra.

# CAPÍTULO 3

## Los instrumentos de Tatico

*La Luisa, 1981*

Joan siguió practicando. Cuando tenía ocho años, ya podía tocar la guitarrita. Iba a la escuela durante el día, y todas las tardes y las noches practicaba.

Tatico empezó a inventar otros instrumentos.

—¿Qué haces? —le preguntó Joan, mirando a Tatico. Tatico estaba sentado fuera de la casa golpeando la tierra con dos botellas de vidrio vacías.

—Escucha —le respondió Tatico. Siguió golpeando la tierra con una botella grande y una chiquita. Golpeó la tierra con los fondos de las botellas rápidamente. Arriba y abajo.

Cun cun cun cun Cun cun cun cun

Cada botella sonaba distinto.

—Suena como una marimba —le dijo Joan.

No tenían una marimba real. Con las dos botellas podían hacer el sonido de la marimba en una canción.

Tatico se las dio.

—Házlo tú.

—Yo sé cómo hacerlo —le dijo Joan.

Joan golpeó la tierra con los fondos de las dos botellas de arriba y abajo en la tierra como su hermano mayor. Sonaban distinto.

*¡Cun cun cun cun! ¡Cun cun cun cun!*

Joan sacó la guitarrita y juntos tocaron un poco de una canción de bachata solamente con guitarrita y botellas, las dos invenciones de Tatico.

*Tom tom tom tom*

*Cun cun cun cun Cun cun cun cun*

Tatico se dio cuenta de que también podía hacer

maracas. Él buscó unas latas pequeñas.

—¿Qué buscas? —le preguntó Joan.

—Piedras pequeñas.

—¿Te puedo ayudar?

Joan empezó a ayudar a su hermano a buscar piedras pequeñas y ponerlas dentro de las latas.

Tatico metió un palito dentro de cada lata pequeña. Joan las miró fascinado. Cuando terminó, las movió rápido al ritmo de una bachata, haciendo el sonido de una maraca. Se las dio a Joan.

Otros de sus hermanos también empezaron a tocar con ellos por las noches allí fuera de la casa.

*Tom tom tom tom*

*Tucutún, tucutún*

*Cun cun cun cun Cun cun cun cun*

Ahora solamente faltaba un tambor. Con una lata de salsa y dos galones de plástico hicieron uno. Pegaron los dos fondos de los galones de plástico a la lata.

Tatico le dio el tambor a otro hermano, Joaquin. Él empezó a tocar el tambor.

*Bum bum bum bum*

*Tom tom tom tom*

*Bum bum bum bum*

*Tucutún tucutún*

*Cun cun cun cun Cun cun cun cun*

Los tres empezaron a tocar. Joan tocó la guitarrita. Joaquín y Tatico el tambor, las botellas que hacían el trabajo de la marimba y las maracas de lata y piedra. Juntos, podían tocar y cantar bachata.

Joan cantó, y mientras tocaba y escuchaba la música de sus hermanos, él sentía el latido de su corazón.

*Tom tom tom tom*

*Pum pum pum pum*

*Bum bum bum bum*

*Tucutún tucutún*

*Cun cun cun cun Cun cun cun cun*

# CAPÍTULO 4
# El primer radio

Cuando la luz eléctrica llegó a La Luisa, el papá de Joan, Candelario, compró un radio para la familia.

Ahora había una emisora[6] de bachata, Radio Guarachita. Toda la familia escuchaba la bachata de la ciudad de Santo Domingo.

Escuchaban el requinto[7], la segunda guitarra, el tambor y las voces de los bachateros. También escuchaban instrumentos nuevos. Usaban el bajo en lugar de la marimba en la ciudad. Y ya no usaban las maracas en la bachata de la ciudad. Usaban una güira. Todos los instrumentos eran profesionales. Eran demasiado caros para la gente del campo.

*Tom tom tom tom*

*Bum bum bum bum*

*Chu-cutún Chu-cutún*

*Cun cun cun cun Cun cun cun cun*

Tatico empezó a pensar en inventar una güira.

Al padre de Joan siempre le gustó la música. La música se lleva en la sangre. Viene del corazón. Él siempre bailaba cuando escuchaba música. No

---
6 radio station

7 lead guitar or first guitar

podía dejar de bailar. Agarraba a Juana y bailaban. Qué lindo bailaba la mamá de Joan. A Joan ella le parecía una princesa de cuentos de hadas.

—Algún día ustedes bailarán una canción mía. Ustedes escucharán una canción mía en esa radio —les prometió Joan.

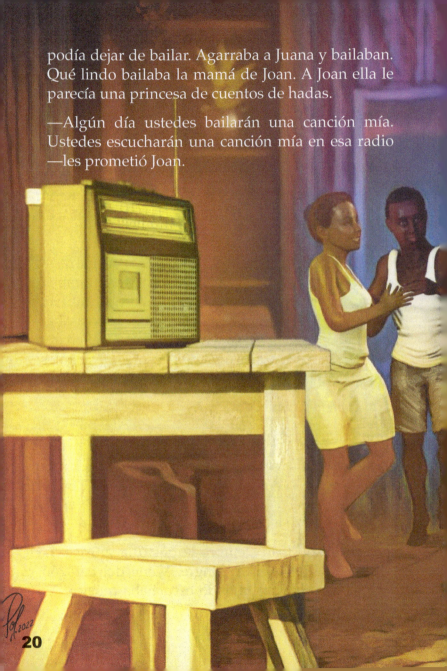

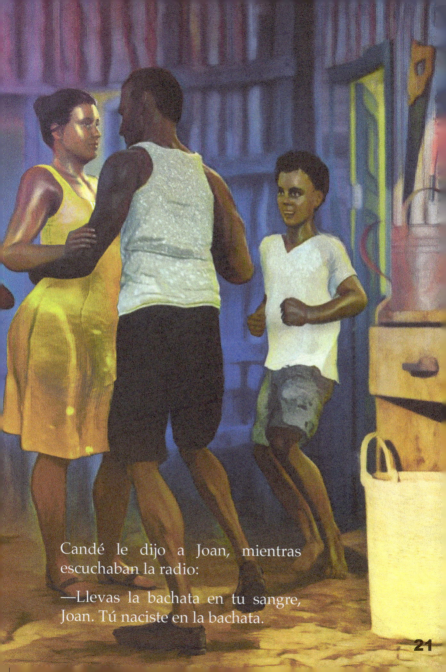

Candé le dijo a Joan, mientras escuchaban la radio:

—Llevas la bachata en tu sangre, Joan. Tú naciste en la bachata.

# CAPÍTULO 5

## La fiesta de Candé

*La Luisa, 1981/82*

### La Fiesta de Candé (Fragmento)
Joan Soriano – Álbum: La Fiesta de Candé
Escrito por David Paredes la Pez

> *Qué lindo, qué lindo, qué lindo bailaba*
>
> *Parecía princesa de cuentos de hadas*
>
> *Qué lindo, qué lindo, qué lindo bailaba*
>
> *Parecía princesa de cuentos de hadas*

### En las palabras de Joan:

«Allá había una sola emisora que ponía bachata. Y la bachata era discriminada en mi país. Eso de la bachata, no. Era de la clase muy baja. Pero eso fue lo que yo aprendí y, en realidad, lo que yo quería aprender a tocar.».

Un día Tatico fue a la cocina de su mamá a escondidas. Volvió con el guayo de coco. Tatico empezó a tocar el guayo de coco con un tenedor. Tenía un sonido similar a una güira[8]. Los hermanos formaron un grupo de niños con todos los instrumentos que Tatico había inventado. Joan

---

[8] The kitchen coconut shredder was used as a "güira" the first time it was played professionally. The Candelario children also played their mother's coconut shredder with a fork.

tenía ocho años. Su hermano Joaquín tenía diez años y Tatico tenía catorce. Al grupo de los hijos de Candelario se llamaba «Los Candé»

*Tom tom tom tom*

*Bum bum bum bum*

*Chu-cutún Chu-cutún*

*Cun cun cun cun Cun cun cun cun*

Todos se conocían en La Luisa. Un día, un vecino vino a la casa y les dijo:

—Yo quiero que vengan a mi casa. Quiero que toquen en una fiesta.

Con el tiempo, el grupo de niños caminaba tocando en muchas fiestas cerca de la casa. Se reunía mucha gente en muchos lugares, en el pequeño pueblo de La Luisa. Cuando iban a tocar en fiestas en La Luisa, la gente de La Luisa gritaba:

—¡Vienen los Candé! ¡Los Candé vienen para acá!

Todos venían a escuchar a los niños y a bailar bachata con Los Candé.

Ponían ramas de coco en un círculo grande y las personas pagaban 2 ó 3 pesos por entrar.

A la gente de La Luisa le interesaba el muchacho pequeño que tocaba la guitarrita. Decían:

—Manda a los Candé a tocar para mi fiesta.

¡Las fiestas en La República Dominicana se hacían de las seis de la tarde hasta las seis de la mañana! Nunca dejaban de tocar. Si los Candé querían comer, ponían sus platos encima de los instrumentos, comían rápido y seguían tocando.

Después de algunos años, las hermanas menores, Teresa y Fefita, empezaron a tocar con los Candé, también.

*Tom tom tom tom*

*Bum bum bum bum*

*Chu-cutún Chu-cutún*

*Cun cun cun cun Cun cun cun cun*

Joan quería tocar una guitarra profesional.

La familia ganaba tres pesos al día sembrando yuca[9]. Sin dinero para poder comprar una guitarra profesional, Joan seguía tocando la guitarrita de lata.

Soñaba con una guitarra de verdad, como la que tenían los músicos en la radio. Joan seguía tocando. No podía sacar la bachata de su corazón.

---

9 sembrando yuca = planting yucca; yucca (or cassava) is a sweet root similar to a potato

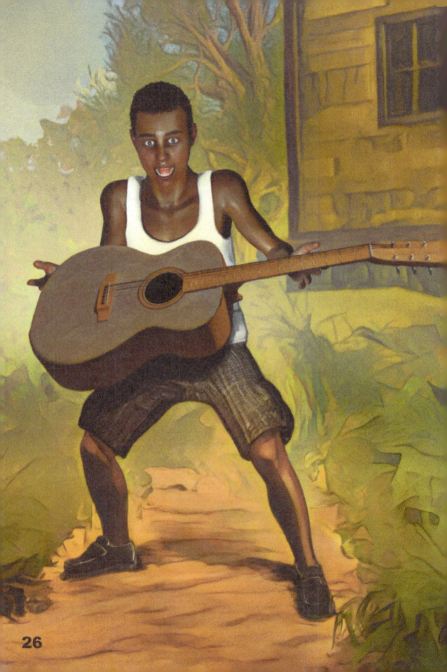

# CAPÍTULO 6

## La Recolecta

*La Luisa, 1983*

Candé ya no llevaba a Joan a sembrar yuca con los otros hermanos.

Candé dijo:

—No no no. Ese muchacho yo no lo llevo a sembrar yuca. Si se da un golpe en un dedo, se le va a estrechar su camino.

Candé no quería que sus hijos trabajaran en la agricultura. Quería que buscaran otro oficio.

Joan solamente se dedicaba a practicar la guitarra.

*Tom tom tom tom*

Había un hombre en La Luisa que hacía guitarras verdaderas de madera que eran muy simples.

La familia trabajaba duro todos los días trabajando en la agricultura. Había suficiente, pero no había recursos para comprar una guitarra.

Tenían árboles de aguacate, coco y bananos. Los hijos de Candé nunca tuvieron hambre.

Un día un hombre estaba en la calle fuera de la casa. Candé lo vió y le dijo a Juana:

—Este hombre debe tener hambre.

—Invítale a comer —respondió Juana.

Candé le dio café y jugo y Juana le dio un plato grande de comida. Así eran los padres de Joan. Todos en La Luisa sabían que la familia Candelario era así.

Cuando Joan tenía once años, la gente del pueblo decidió que Joan necesitaba una guitarra real para poder seguir progresando. Aunque no había recursos en la familia para una guitarra real, la gente de La Luisa decidió hacer una recolecta. Cada persona de sus pocos recursos donó un centavo, quince centavos o medio peso. Donaron con lo que podían. En ese tiempo, setenta (70) pesos era mucho dinero.

Así fue que ellos reunieron veinte pesos dominicanos y medio (RD$20,50).

No era suficiente. Faltaban todavía casi cincuenta pesos dominicanos.

—Es la conformidad —decía Juana—. Uno tiene que conformarse con lo que Dios le dé.

La mamá de Joan no quería cosas materiales. Le dijo:

—¿Joan, porque necesitas dinero? Tú naciste sin nada y así mismo te vas a ir de este mundo.

No había suficiente para comprar una guitarra real. Joan siguió practicando en su guitarrita.

El hermano de Juana, el tío de Joan, llamado Julio Soriano, trabajaba en la ciudad de Santo Domingo.

Julito le dijo a su hermana Juana:

—Mira, yo voy a poner los otros cincuenta pesos que les faltaban.

Joan estaba contento porque iban a comprarle una guitarra real. Joan estaba contento porque iba a poder progresar con la bachata. Era una oportunidad.

Les prometió a sus padres que iba a practicar horas y horas. Iba a practicar todos los días. Iba a tocar bachata con Los Candé en las fiestas de La Luisa.

Pero no fue así.

Joan dejó de practicar.

> *En las palabras de Joan:*
>
> « Mi papá y mi mamá son gente que no tienen recursos (para guitarras). Entonces, lo que decidieron fue hacer una recolecta allá en el campo. Había un señor que hizo una guitarra. Era más profesional, pero esa guitarra era demasiado dura. La guitarra costaba 70 pesos dominicanos, y allá reunieron veinte y medio, 20,50. Porque en ese tiempo 70 pesos era mucho dinero.».

# CAPÍTULO 7

## Cuerdas duras, dedos duros

*La Luisa, 1983*

La mamá de Joan decía que hay muchachos que se ponen desde chiquitos en la escuela y nunca aprenden, y que un niño, cuando quiere buscar un oficio, una profesión, se educa a sí mismo.

Los padres de Joan nunca lo llevaron a una escuela de música. Nadie le enseñó a tocar. Como decía su madre, él se educaba a sí mismo.

Lo suyo[10] no era la agricultura. Lo suyo era la música.

Pero cuando agarró su primera guitarra profesional, tenía un problema. La guitarra era tan dura que después de tocar seis o siete horas en una fiesta en la noche, al día siguiente ya no podía ponerle la mano a la guitarra.

No podía ni tocar la guitarra. Los dedos le dolían demasiado.

Con esa guitarra más profesional no podía practicar como antes. Le dolían tanto los dedos que dejó de practicar la guitarra cada día.

Su papá le dijo frustrado:

---

10 lo suyo = his thing, his talent, the thing he liked to do

—¿Por qué te compramos esa guitarra tan cara? ¿Por qué hicimos esa inversión? Entonces tú no sirves para músico. ¿Qué tú vas a hacer ahora?

Joan no sabía por qué ya no podía tocar. No sabía por qué le dolían los dedos tocando la guitarra nueva. Su papá tampoco sabía nada de instrumentos. Joan no quería que su papá pensara que no servía para la música. No quería sembrar yuca. Quería ser músico. Por eso, aunque le dolían los dedos todos los días, siguió practicando.

Escuchó las palabras de su papá en su mente:

«Entonces tú no sirves para músico. ¿Qué tú vas a hacer ahora?»

# CAPÍTULO 8

## Joan vio el cuento mal parado[11]

*La Luisa, 1984*

La familia Candé vivía en una casa pequeña de madera. En el Caribe hacía mucho calor. El sol del Caribe era fuerte. Candé y sus hijos ganaban dinero sembrando yuca todo el día, mientras Juana buscaba madera para cocinar,

[11] Joan saw the story ending badly.

les daba comida a las gallinas, compraba comida y cocinaba para la familia. También hacía mucho calor en la cocina.

Cuando tenía doce años, Joan empezó a ayudar a su padre y sus hermanos a sembrar yuca. Tenía mucho cuidado con las manos.

Un día Joan miró a su papá sudando de trabajar todo el día sembrando yuca. Estaba en el sol. Estaba demasiado caliente ese día.

Joan miró a su mamá, también sudando cocinando en la cocina. Cuando vio a su mamá, ella pasó sus manos por los lados de su cara para quitarle el sudor.

Joan no quería sudar bajo el sol del Caribe sembrando yuca y trabajando duro en La Luisa.

De repente, él vio el cuento mal parado.

No lo había pensado antes de este instante. No sabía que iba a tomar una decisión en este momento mirando el sudor de sus padres bajo el sol del Caribe. No sabía que esta decisión espontánea iba a cambiar su vida para siempre.

Todavía era solamente un niño, pero pensó: «Yo sé cómo hacerlo».

Joan le dijo a su papá:

—Mire, Candé, venga acá. ¿Usted recuerda la última pela que usted me dio a mí?

Su papá le respondió confundido:

—No.

Joan siguió:

—¿Y cuándo yo me he portado mal con usted?

—No, mijo[12], tú no te has portado mal conmigo. ¿Y por qué tú me dices eso?

Joan le dijo:

---
12 mijo = mi hijo; mijo is a term of endearment

—Porque soy un buen hijo. Yo nunca me porto mal. Les quiero. Yo sé que a mí me quieren. Pero yo de aquí me voy. Hoy me voy.

—¿Por qué? —le preguntó su papá todavía confundido—. ¡No! ¡No te voy a dar una pela!

Joan era un buen hijo. Nunca fue un problema para Candé y Juana.

—Mire, Candé, este no es trabajo mío. Yo no voy a vivir de la agricultura. Yo no voy a vivir de esto. Lo mío es la música. Me voy.

Joan solamente tenía doce años. Candé respondió:

—¿Te vas? ¿Adónde?

La mamá de Joan escuchaba la conversación.

—Déjalo tranquilo. Deja a ese muchacho tranquilo. Mi hermano Miguel Severino vive en Villa Mella. Puede vivir con él y trabajar en el car wash con su primo Miguelo.

Candé miró a su esposa y pensó unos minutos. Candé quería un oficio bueno para su hijo. «¿La música es un oficio bueno?» se preguntó Candé.

Por fin, le dijo:

—Bueno, mijo. Lo que te deseo es mucha suerte. Que Dios te ayude.

Al día siguiente, se fue solo. Se fue para Villa Mella,

cerca de la capital de Santo Domingo. Dejó el campo. Dejó La Luisa. Dejó a su familia. Se fue para la ciudad con una persona que pasó manejando por La Luisa. Se fue con su guitarra, un poco de comida y un poco de ropa.

En el camino pensaba en sus padres. «Voy a ser músico. Voy a volver a La Luisa y construir una casa grande para mis padres. Ya no van a tener que trabajar. Seré un músico en una banda de bachata. Voy a tener dinero para mandarles a mis padres y hermanos. Les quiero a mis padres. Yo sé que a mí me quieren. Pero lo mío no es la agricultura. Este no es trabajo mío. Lo mío es la música».

Miró por la ventana a su mamá que se veía más y más pequeña en la ventana. No la quiere ver llorar. Nunca la quiere ver triste.

En unos minutos ya no podía ver La Luisa. Ya no podía ver a su mamá fuera de la casa. Ya no. Solamente podía ver el camino a Santo Domingo. Solamente podía ver el camino hacia el futuro.

«Yo sé cómo hacerlo» pensó Joan.

*En las palabras de Joan:*

*«Yo estaba con mi mamá y él (Candé) sembrando yuca. Ese sol estaba demasiado caliente. Cuando yo vi a mi mamá que estaba así (pasa sus manos*

*por los lados de su cara, como estaba sudando) y él mismo (Candé sudando) también y yo, siendo un niño le digo yo: mire, Candé venga acá.*

*Yo no voy a vivir de la agricultura, yo no voy a vivir de esto, lo mío es la música. No, no, no. Óigame. Porque yo de aquí me voy. Mañana me voy a Villa Mella.*

*Mi mamá le dijo: mira no no no deje a ese muchacho tranquilo. Déjalo tranquilo y nosotros nos vamos también. Vámonos. Y así mismo fue. Mi papá lo único que hizo fue que me dijo: bueno mijo yo lo que te deseo es mucha suerte y que Dios te ayude.*

*Al otro día, me fui solo para Villa Mella.».*

## *Madre sonríe*

*por Joan Soriano*
*Álbum: La Fiesta de Candé 2004*

*Yo no sé qué le pasa a mi madre*

*Que la veo muy triste*

*Yo no sé si tengo la culpa*[13]

*De que ella esté así*

*Para aquel que tenga suerte de tenerla*[14]

*Le aconsejo que la sepa valorar*

*Porque el día que llegue el tiempo de perder*

*A sus brazos nunca volverá*

*Mi madre que has dado*

*Hasta la vida*

*Nunca la quisiera ver llorar*

*Yo siento que mi alma está vacía*

*Dios mío, dale su felicidad*

*Madre sonríe*

*No quiero verte sufriendo*

---

13 if I am to blame

14 For those who are lucky enough to have her
I recommend that you know how to appreciate her
Because when the day arrives when it is time to lose her
To your arms she will never return

*Madre sonríe*
*Yo nunca me porto mal*
*Nunca te doy motivos*
*No quisiera verte triste*
*Madre sonríe*
*No veo tu tranquilidad*
*Si algún día me porto mal*
*Contigo, dímelo*
*Que lindo es decir a mi mamá*
*Juana Soriano*

*Oiga su canción*

*Con todo mi corazón*

*El duque*[15]

*Yo no sé qué le pasa a mi madre*

*Madre sonríe*

*No veo tu tranquilidad*

*Yo sé que a mí me quieres*

*No veo tu tranquilidad*

*Siempre te doy cariño*

*Te he venido a consolar*

# Parte 2:
# Villa Mella

# CAPÍTULO 9

## Toque de queda[16]

*Villa Mella, 1984*

Cuando Joan caminó por Villa Mella de la casa de Kiko, su tío, hacia el car wash en su primer día, vio en la mañana unos músicos con instrumentos entrando en La Gran Parada. Cuando pasó por allí pensó que quería verlos tocar por la noche. Ellos iban a tocar allí. Joan fue a trabajar en el car wash con su primo Miguelo.

Pasó todo el día trabajando, pero estaba pensando en la música.

Le dijo a Miguelo que quería ir a escuchar el grupo de bachata por la noche.

—Primero —le respondió Miguelo mientras trabajaban—, no se permite a los niños entrar por la noche a escuchar música.

—Segundo, Kiko no te va a permitir ir.

Mientras Joan trabajaba pensó:

«Esto no es para mí. Yo no soy para lavar carros. Lo mío es la música».

No quería trabajar en el campo como sus padres y hermanos. No quería lavar carros como su primo.

---

16 toque de queda = curfew

Quería tocar guitarra y cantar bachata con un grupo de bachata.

A su primo Wilson que tenía diez años, le dijo:

—Vamos. Vamos a ir a La Gran Parada en la noche.

—No podemos —le respondió Wilson—. Hay un toque de queda.

—Yo sé cómo hacerlo.

Joan y Wilson se fueron por la puerta de atrás en medio de

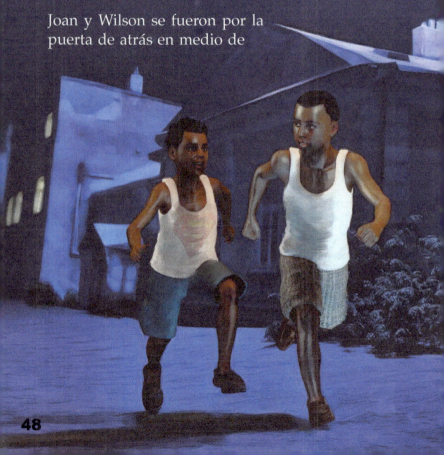

la noche sin hacer ruido.

No había mucha luz en la calle. Hacía calor todavía, pero no tanto calor como en La Luisa.

Escuchaban la música en la distancia. Joan sonrió porque conocía la canción de la radio.

Cuando llegaron, el grupo estaba tocando. Todos los

músicos tenían instrumentos profesionales. Vio un bajista tocando el bajo eléctrico. Había gente hablando. Había mucha gente bailando. No podían entrar porque eran niños.

Joan y su primo Wilson vieron al tío Kiko. Joan y Wilson se miraron. No sabían que Kiko estaba en La Gran Parada.

Escondidos de Kiko, escucharon la música. Eran demasiado grandes para esconderse debajo de las sillas, pero pudieron esconderse afuera.

Joan sabía que podía tocar todas las bachatas que el grupo tocaba.

Joan pensó: «Yo sé cómo hacerlo».

Joan esperó una oportunidad para hablar con el bajista.

Joan le dijo:

—Mire, yo sé tocar guitarra y cantar. Déjeme tocar una canción aquí.

El bajista lo miró y sonrió un poco, pero le respondió:

—Debes seguir practicando, muchacho. No necesitamos un guitarrista.

Todavía era flaco y pequeño.

El bajista pensó que su guitarra era más grande que Joan.

Le dijo:

—No, no, no. No puedes tocar aquí. Ni puedes estar aquí, muchacho. Eres demasiado joven para estar aquí tan tarde. La policía viene. Vete a casa.

«¡Los niños pa' fuera! ¿Todavía era demasiado joven para la bachata?» se preguntó Joan.

—Mira lo que vamos a hacer —le dijo el músico—. No puedes tocar aquí. Hay un toque de queda.

Le dio una hojita de papel a Joan. El papel dice:

—Yo vivo por allí.

Apuntó con los labios. En el papel Joan leyó una dirección y un nombre: «Toribio ».

—Ven mañana y puedes tocar para mí en mi casa.

Joan y Wilson volvieron a la casa. Kiko nunca los vio.

Esa noche, Joan se durmió con ese sonido de la bachata en la mente.

# CAPÍTULO 10

## La puerta cerrada

*Villa Mella, 1984*

Al día siguiente, cuando se levantó y salió a la calle, todavía escuchaba el sonido de la guitarra. No se le quitaba esa música de la mente. La llevaba en su sangre. La llevaba en su corazón. Era el ritmo de su corazón.

*Tom tom tom tom*

*Bum bum bum bum*

*Chu-cutún Chu-cutún*

*Cun cun cun cun Cun cun cun cun*

Joan salió a buscar la casa del guitarrista. Buscó la casa pensando y cantando para sí mismo.

*Yo la voy a buscar. Hasta poderla encontrar*[17].

Caminó hacia la dirección en el papel que tenía entre sus dedos.

---

17  This line is from the song "¿Dónde estará esa mujer?"

Tocó a la puerta al mediodía.

Una mujer abrió la puerta. Tenía unos treinta años. Tenía pelo negro como el de Joan y una cara redonda. Era baja. Miró al muchachito curioso en la puerta.

—Soy Joan Soriano. El bajista me invitó a hacer un demo para él hoy.

Le dijo:

—Todos todavía están dormidos y yo estoy trabajando. Vuelve más tarde.

Cerró la puerta.

Joan miró la puerta cerrada.

Se fue. No quería ir a trabajar en el car wash hoy. Se sentó fuera de la casa y esperó. Hacía calor.

Treinta minutos más tarde a las doce y media Joan volvió a la casa y tocó a la puerta. Se escuchaba la bachata en el radio de la casa.

La mujer abrió la puerta otra vez. Miró a Joan.

—Todavía no se levantan, muchachito. Vuelve más tarde.

Joan volvió más tarde. Volvió treinta minutos más tarde, a la una de la tarde.

—¿Ya se levantaron? —le preguntó Joan. Ella estaba cocinando. Joan tenía hambre ahora.

Todavía estaban durmiendo.

—Vuelve más tarde. Ellos tocaron hasta las siete —le dijo la señora otra vez.

Cerró la puerta.

Hacía mucho calor. Joan se fue otra vez pensando «Seguro que no voy a hacer un demo para el bajista hoy».

# CAPÍTULO 11

## La guitarra tan suave como mantequilla

*Villa Mella, 1984*

Joan volvió otra media hora más tarde. Ella había preparado el café en la cocina. Aunque el músico todavía estaba dormido, la mujer lo llamó y le dijo:

—Mira, Toribio, allá hay un niño que te está buscando.

Joan escuchó una voz desde dentro de la casa.

—Margó, ¿es el muchachito que quería hacer un demo? —gritó Toribio desde el interior de la casa.

Joan vio al bajista en la cocina. Se preparaba un café.

—Ven, pasa por acá. Vamos a ver si es verdad que sabes tocar, muchachito —le dijo, caminando hacia la terraza con el café.

—Yo sé cómo hacerlo —dijo Joan.

Joan entró en la casa y lo siguió a la terraza. Era una casa de músicos. Varios músicos del grupo vivían en esta casa.

Joan miró fascinado. Por toda la casa había instrumentos profesionales.

El músico buscó una guitarra y se la dio a Joan.

Por primera vez, Joan tocó una guitarra profesional. No le dolían sus dedos cuando la tocó. Era como tocar mantequilla.

Cuando tocó las cuerdas de la guitarra profesional, se dio cuenta de que el problema con sus dedos duros eran las cuerdas duras de su guitarra simple.

Sus dedos no le dolían para nada con esa guitarra profesional.

Cuando le puso la mano a esa guitarra pensó, «¡¡¡Guuaaaooo!!! Pero esto síííí.»

Toribio llamó a su hermano, que tocaba el requinto.

Dentro de unos minutos tres músicos más se levantaron y se sentaron en la terraza para escuchar a Joan, el niño de doce años. También Margó, la mujer que abrió la puerta por la mañana se sentó con un café para escuchar. Ella sonrió y tomó su café.

Se sentaron todos en la terraza fuera de la casa tomando café.

Joan iba a tocar segunda guitarra. Estaba un poco nervioso. Quería ser parte del grupo.

—Tú sabes que no necesitamos una segunda guitarra en nuestro grupo.

—Sí. Yo sé —respondió Joan.

—¿Tú puedes leer música? —le preguntó otro músico.

—No. Me enseñé a mí mismo. Toco de oído[18] —respondió Joan.

Los músicos se miraron los unos a los otros.

Joan sintió el fuerte calor del día. Sus manos sudaron. Se puso cada vez más nervioso.

—Pues, vamos a ver qué puede hacer el muchachito —dijo uno de los músicos.

---
[18] I play by ear

# CAPÍTULO 12

## El demo del muchachito que dice que puede tocar bachata

*Villa Mella, 1984*

—Dime, ¿qué canción quieres cantar?

Iban a escuchar al niño que pensaba que podía tocar la guitarra.

—Vamos a ver si es verdad que sabe tocar.

Joan empezó a tocar una canción. Tocaba y cantaba mientras los otros músicos tocaban con él.

Los músicos se miraron los unos a los otros mientras él tocaba, sin sonreír.

Joan siguió tocando, pero cuando vio que los músicos se miraron, pensó que no les gustaba como tocaba la guitarra. Se sintió muy mal, pero siguió tocando.

La señora Margó se fue de la terraza y entró en la casa. Joan se sintió mal. Ella ni estaba escuchando su demo ni quería escuchar más. Seguro que ella pensaba que Joan no tocaba bien. Por la ventana de la casa la pudo ver hablando por teléfono. Se puso aún más nervioso.

Escuchó en su mente las palabras de su padre: «Entonces tú no sirves para música. ¿Qué tú vas a hacer ahora?»

«¿Qué tú vas a hacer ahora, Joan?» pensó Joan mientras tocaba la guitarra. No quería trabajar en

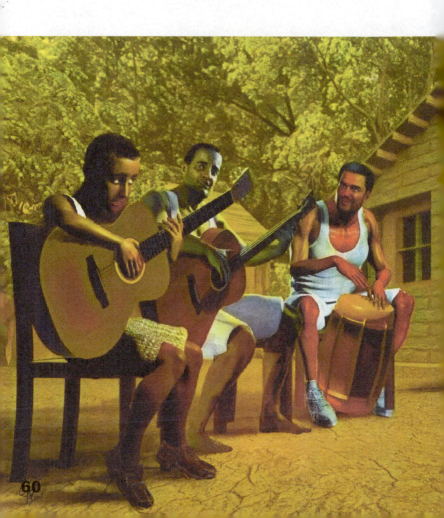

el car wash. No quería sembrar yuca. Quería ser músico.

Joan trató de pensar en la canción. Trató de dejar de pensar en su papá.

## CAPÍTULO 13

## ¿Dónde aprendiste a tocar así?

*Villa Mella, 1984*

En la casa, Margó hizo unas llamadas por teléfono.

Joan siguió tocando y cantando. Los músicos querían que tocara otras canciones. Todos tocaban con él.

*Tom tom tom tom*

*Pum pum pum pum*

*Bum bum bum bum*

*Cun cun cun cun Cun cun cun cun*

Unos minutos más tarde, otros músicos llegaron a la terraza a escucharle tocar y comenzaron a tocar con él, también. Y entonces, Nelson Gómez llegó y comenzó a tocar la güira. A él le decían Macholo. Joan siguió tocando.

*Chu-cutún Chu-cutún*

Margó seguía llamando a más músicos.

Por fin, Macholo le preguntó:

—¿De dónde fue que tú saliste? ¿De dónde tú eres?

—Yo soy de la Misa de Monte Plata. La Luisa.

—¿Y dónde tú vives? —le preguntó Margó.

Con la guitarra todavía en las manos, Joan les dijo:

—Yo tengo como tres o cuatro días aquí en el Torrito, por allá arriba con un tío. Apuntó con sus labios la dirección de la casa de su tío.

¿Dónde aprendiste a tocar así, muchacho? - le preguntó Toribio.

—Me enseñé a mí mismo.

—¿Nunca tuviste maestro?

—No. Nunca tuve un maestro ni de guitarra ni de canto.

—¿Cuántos años tienes?

—Tengo doce —respondió Joan.

Todos reaccionaron a la vez. Margó le dijo:

—Mira, ¿tú sabes que hay un toque de queda? No se permite a los niños estar en los sitios de bachata.

—Un muchachito tocando como un hombre viejo sería un escándalo —dijo Macholo.

Joan pensó «Todos los niños pa' fuera».

Toribio le dijo:

—En nuestro grupo no necesitamos una segunda guitarra.

Joan les escuchó. Por un momento, se sentó sin respirar.

63

«Uno tiene que conformarse con lo que Dios le dé». Joan escuchó las palabras de su mamá en su mente.

—Ahora mismo te vamos a llevar donde necesitan un cantante y un segunda guitarra —le dijo Macholo.

Otro le explicó:

—Antonio Gómez es el dueño de un grupo que perdió su cantante y segunda guitarra. Pagan veinte (20) pesos dominicanos cada noche.

Joan se preguntó: «¿Veinte pesos cada noche?»

# CAPÍTULO 14

## Vete a casa, muchacho.

Cuatro músicos se levantaron juntos para ir a la casa del otro músico. Joan los siguió.

Le llevaron a una casa cercana.

Toribio le dijo a Gómez:

—Miren, aquí les traje al cantante que ustedes necesitan. Toca segunda guitarra.

El dueño del otro grupo miró a Joan y le dijo a Toribio:

—¡Pero es un niño! ¿Qué vamos a hacer con un niño? Nosotros necesitamos guitarrista y un cantante profesional. Un niño, ¡no!

Toribio le dijo:

—No, no, espera. Escúchalo primero. Tú me puedes decir qué piensas después.

Joan tocó y cantó otra vez para los músicos en la segunda casa.

Gómez y su esposa Altagracia se miraron.

Había ese *pum pum pum, esa, esa, esa, esa*, el sonido de la guitarra que estaba tocando.

*Tom tom tom tom tom tom.*

*Pum pum pum pum pum.*

*Bum, bum, bum, bum.*

*Chu-cutún, Chu-cutún.*

*Cun cun cun cun Cun cun cun cun*

Escuchó el ritmo de su corazón con el sonido de los otros músicos.

Gómez le preguntó:

—¿Mijo, de dónde tú saliste? ¿Dónde tú vives?

Joan le respondió:

—Yo vivo aquí en Villa Mella con mi tío ahora. Soy de la Misa de Monte Plata. La Luisa.

—¿Pero dónde aprendiste a tocar?

—Me enseñé a mí mismo —les dijo Joan otra vez.

De una vez Altagracia se levantó y lo llevó a otra parte de la casa. Era una mujer baja. Tenía pelo largo y llevaba un vestido negro y largo. Le dio dinero. Le dijo:

–Oye lo que te voy a decir. Toma este dinero, muchacho. Vuélvete a donde tu papá y tu mamá y tus hermanos.

# CAPÍTULO 15

## Segunda Guitarra

«¿Que me vuelva a La Luisa?» pensó Joan. «¿Los músicos piensan que no puedo tocar? ¡Pero yo no quiero trabajar en el campo! Yo quiero ser músico!» Joan no quería trabajar sembrando yuca y sudando. No quería trabajar en el car wash.

Joan le preguntó:

—¿Pero por qué?

Todavía no entendía. ¡No quería volver a La Luisa!

Altagracia repitió:

—Vete a La Luisa. Busca toda tu ropa. No dejes nada allá.

Joan estaba confundido.

Ella siguió:

—Tú vas a ser la segunda guitarra de este grupo.

Antonio afirmó:

—Oye a Altagracia. Vete donde tu papá y tu mamá. Diles que tú vas a tocar tres conciertos a la semana y vas a ganar 30 pesos por cada uno. 90 pesos cada semana.

—¿Yo? ¿Tres conciertos?

—Sí.

—¿Treinta pesos? ¿Cada uno?

—Sí. Cada uno.

—¿Tres conciertos a la semana?

—Sí.

Altagracia le dijo:

—Mira, tú tienes una habitación aquí en nuestra casa. Ven para acá. Aquí practicamos todos los días.

Ya no puedes vivir con tu tío. Quédate aquí con nosotros. Tú eres nuestro hijo ahora.

Y así era. Altagracia lo quería como si fuera su propio hijo.

Comenzó a tocar con el grupo de Gómez que se llamaba Los Gitanos de Cachimán.

Después de una semana, se fue a La Luisa con el dinero. Les dio la mitad a sus padres y se volvió con toda su ropa, así como se lo dijo Altagracia.

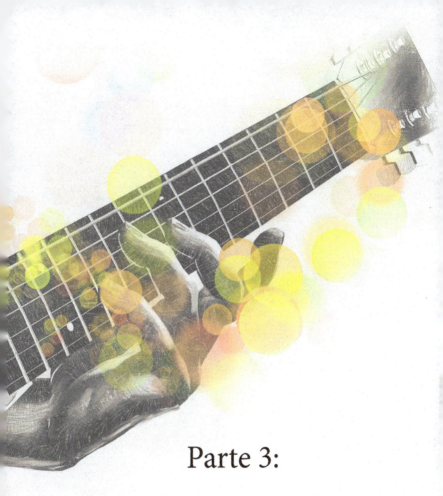

Parte 3:

# Joan Soriano,
### el músico profesional

# CAPÍTULO 16

# ¡EL MUCHACHITO VA A CANTAR EN LA GRAN PARADA HOY!

Una noche, el grupo Los gitanos de Cachimán tocó en La Gran Parada.

Se reunió la gente porque escucharon el anuncio en la calle.

Durante todo el día Joan escuchaba «EL MUCHACHITO VA A CANTAR EN LA GRAN PARADA HOY. EL MUCHACHITO VA A TOCAR HOY».

Se reunieron todos. Todos fueron a ver a Los gitanos de Cachimán. Todos fueron a escuchar al muchachito que podía tocar guitarra y cantar bachata.

Muchos llegaron y pagaron para escucharlo. Joan se puso un poco nervioso. Era su primera vez en la Gran Parada. Tocaba segunda guitarra. Quería tocar bien.

Había solamente un problema. En la República Dominicana había un toque de queda para los niños que tenían menos de dieciocho (18) años en lugares públicos durante la noche. Joan tenía solamente doce (12) años. Los músicos le dijeron:

—No te preocupes. La policía nunca viene a La Gran Parada.

Joan no tenía tiempo para preocuparse por la policía.

Un hombre de negocios llegó con un amigo de Villa Mella. Era un extranjero que pasaba por la ciudad. Tenía dinero. Ellos se sentaron a tomar. Tomaban mucha cerveza. Tomaban mucha cerveza Presidente.

Joan empezó a tocar a eso de las once de la noche. Los otros músicos estaban cantando como siempre

y Joan tocaba segunda guitarra. Después de varias canciones, presentaron a Joan, el muchachito, porque iba a cantar. Él cantó su primera canción.

Mientras Joan tocaba, dejó de pensar en el toque de queda. Solamente pensaba en las canciones. Sentía el ritmo de la bachata como el latido de su corazón.

*Tom tom tom tom*

*Pum pum pum pum*

*Bum bum bum bum*

*Chu-cutún Chu-cutún*

*Cun cun cun cun Cun cun cun cun*

¡Por fin Joan era bachatero profesional! ¡Por fin era músico profesional!

Cuando Joan empezó a tocar su primera canción, el hombre de negocios se levantó. De pie gritó:

—Les pago cincuenta (50) pesos para que el muchachito cante esa canción otra vez.

Por eso la banda tocó la misma canción una segunda vez.

Cuando terminaron, el hombre le dio cincuenta pesos a Joan. Pero Joan se los dio inmediatamente al primer guitarrista. ¡No quería que la banda se enojara con él!

—Tome usted. Es para todos nosotros —le dijo Joan.

El hombre le gritó otra vez:

—Pago cien (100) más si el muchachito canta la misma canción otra vez.

Por eso la banda tocó la misma canción una tercera vez.

Joan otra vez le dio el dinero al primer guitarrista para toda la banda.

Todos bailaron. Todos miraron al muchachito que cantaba y tocaba bachata. Pero la gente en La Gran Parada ya no quería escuchar la misma canción.

La gente se puso impaciente con el hombre de negocios.

El hombre hablaba en voz muy alta. Se puso de pie y gritó aún más.

Los músicos siguieron tocando otras canciones, pero se pusieron nerviosos. Se miraron los unos a los otros. Se pusieron nerviosos porque pensaban que la policía podría escuchar al hombre.

Su amigo le dijo al hombre de negocios:

—No, amigo, te pasaste[19]. Estás borracho. Siéntate.

Joan escuchó a muchas personas gritando. El hombre de negocios le agarró el brazo al otro hombre. Joan no pudo ver muy bien. «¿Le dio una pela?» se preguntó Joan.

Joan vio entrar a la policía.

De repente los músicos dejaron de tocar y sacaron a Joan. Sacaron a Joan tan rápido que dejaron los instrumentos dentro de la Gran Parada. Lo sacaron porque la policía vino a La Gran Parada después del toque de queda y Joan tenía solamente doce años.

La policía sacó al hombre de negocios que estaba borracho y así terminó la fiesta. Ellos nunca vieron al guitarrista que solamente tenía doce años.

---

19 te pasaste = you've crossed a line; you've gone too far

# CAPÍTULO 17
## Lo mío es la música
*Villa Mella, 1984*

Gómez le explicó:

— Ya no puedes tocar en La Gran Parada después del toque de queda. Vamos a buscar una solución.

«¿Entonces, qué vas a hacer ahora?» Joan escuchó

las palabras de Candé.

«¿Qué voy a hacer si ya no puedo tocar con la banda después del toque de queda? ¿Qué voy a hacer si no hay una solución?» se preguntó.

Esa noche Joan no durmió. Solamente pensó.

Joan tenía tres opciones:

- Volver a La Luisa y trabajar sembrando yuca.

- Volver a la casa de su tío y trabajar en el car wash con su primo.

- Quedarse en la casa de los músicos practicando, esperando otra oportunidad para tocar bachata.

«Yo no soy para sembrar yuca» pensó Joan.

«Yo no soy para lavar carros» pensó Joan.

«Lo mío es la música. Aquí me quedo».

«Yo sé cómo hacerlo».

En la casa de los músicos practicó para ser segunda guitarra. Practicó todas las canciones que tocaba el grupo.

Se enseñó a sí mismo a tocar primera guitarra.

Dos días más tarde Gómez le explicó:

—Tenemos una solución. Tenemos tres eventos cada semana donde no hay un toque de queda.

Joan siguió tocando con Los gitanos de Cachimán, pero nunca en La Gran Parada.

Cada semana Joan ganaba 90 pesos (RD$90) y les mandaba la mitad a sus padres. Con la otra mitad se compró una guitarra española que no le hacía doler nada sus dedos. Tenía las cuerdas tan suaves como la mantequilla. Tres días a la semana tocaba. Pasaba la semana practicando canciones nuevas con los músicos y enseñándose a sí mismo a tocar primera guitarra.

Joan nunca les contó a sus padres lo que pasó en La Gran Parada.

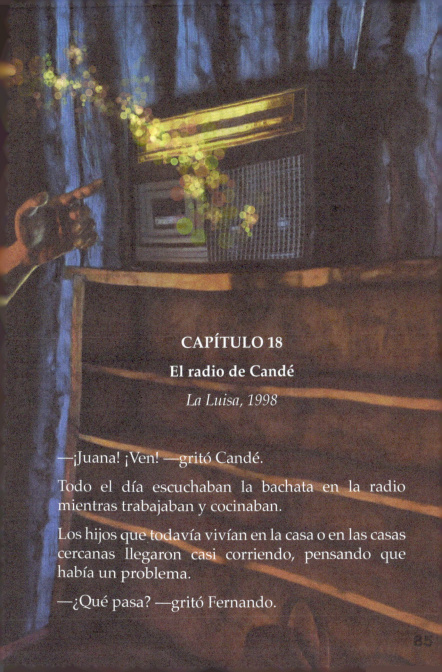

## CAPÍTULO 18

### El radio de Candé

*La Luisa, 1998*

—¡Juana! ¡Ven! —gritó Candé.

Todo el día escuchaban la bachata en la radio mientras trabajaban y cocinaban.

Los hijos que todavía vivían en la casa o en las casas cercanas llegaron casi corriendo, pensando que había un problema.

—¿Qué pasa? —gritó Fernando.

—¿Todo bien, Candé? —gritó Nelly corriendo.

—¿Mamá? —preguntó Gris

—¡Es la canción de Joan! —respondió Candé—. Escuchen.

Joan y sus hermanos cantaron una canción de su primer álbum, «La Familia Soriano».

Candé siguió gritando hasta que todos los vecinos llegaron a la casita también. Hace muchos años hicieron una recolecta para la primera guitarra de Joan Soriano, y ahora los mismos vecinos de La Luisa escucharon el radio de Candé y Juana.

Candé empezó a bailar y agarró a Juana. Juntos bailaron la primera canción de Joan que salió en la radio.

Cuando terminó la canción, todos aplaudieron.

Candé y Juana pensaron en las palabras de Joan cuando era joven: «Algún día ustedes bailarán una canción mía. Ustedes escucharán una canción mía en esa radio».

Todos hablaron de la primera vez que escucharon a Joan tocar la guitarrita. Hablaron de Las Fiestas de Candé cuando los hijos de Candelario y Juana eran jóvenes.

La Fiesta celebrando la primera canción de Joan Soriano siguió toda la noche.

# CAPÍTULO 19

## Una entrevista con Joan Soriano

### *Santo Domingo, 2018*

LA ENTREVISTADORA: Estoy aquí con el músico de bachata, Joan Soriano. Soriano ganó el premio del mejor World Beat álbum de 2011 del Indie Acoustic Project. Ahora tiene docenas de álbumes. También Adam Taub hizo dos documentales sobre él y su familia. Bienvenido[20] a Radio Guarachita, Joan.

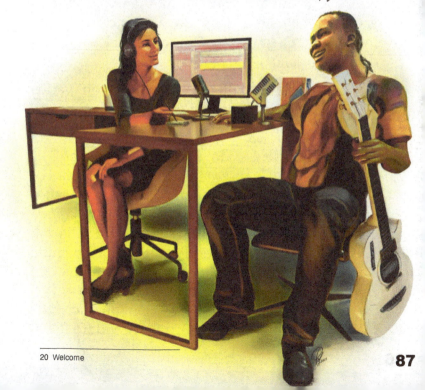

JOAN: ¡Gracias por invitarme!

LA ENTREVISTADORA: ¿Cómo se llamaba tu primera banda?

JOAN: Primero toqué con Los hijos de Candelario, Los Candé. Era un grupo pequeño de mis hermanos y amigos, pero en Villa Mella mi primer grupo se llamaba Los gitanos de Cachimán. Más tarde empecé a tocar con el grupo Julio Herrera.

LA ENTREVISTADORA: ¿Cuándo empezaste a grabar álbumes?

JOAN: Cuando tenía quince años, tenía mi propio grupo de músicos. Cuando algún cantante de bachata quería grabar un álbum, usaba los músicos de Joan Soriano. Usaban mis músicos.

LA ENTREVISTADORA: Tú tocaste con varios músicos conocidos en la República Dominicana. ¿Con cuáles músicos tocaste?

JOAN: ¡Uy! He tocado con más de cuarenta y cinco músicos. Cuando tenía quince años empecé a grabar en estudios con varios músicos. Algunos eran famosos. Algunos no eran conocidos. Tocaba con Ramón Isidro Cabrera, («El Chivo Sin Ley»), Ramón Cordero, Leonardo Paniagua, Luis Seguro, Robin Cariño, Félix Cumbé, Franklin Medina («El Zorro Negro»), Toni Tomás, Hector Venura («El Gabilán»), Tony Sugar («Los Diplomáticos de Haití»), Joe Veras, Zacarías Ferreira, Teodoro Reyes y Willy Sánchez entre otros.

LA ENTREVISTADORA: ¡Impresionante!

JOAN: Le doy gracias a Dios y a mis padres.

LA ENTREVISTADORA: Tú has tocado por todo el mundo. ¿Cuáles fueron tus conciertos más memorables?

JOAN: Pues, tuve muchas experiencias muy memorables. Viajé con mis hermanos Fernando y Griselda a tocar en Bélgica para miles de personas. Era muy lindo viajar por Europa.

LA ENTREVISTADORA: ¿Y tú también fuiste a los Estados Unidos?

JOAN: Sí. Tocamos en Carnegie Hall en Nueva York. ¡Todos los edificios eran muy altos! No tenemos edificios así en Santo Domingo. Toqué en The Kennedy Center Millennium Stage en Washington DC en 2013, también. También hicimos un concierto que se llama un "Tiny Desk Concert" para NPR con mi hermana. ¡Los Candé tocamos por todo el mundo!

LA ENTREVISTADORA: Tocaste en Chicago también, ¿no?

JOAN: ¡Ah, sí! Ahora viajamos casi cada año a los Estados Unidos para dar conciertos o tocar en festivales. Toqué con Griselda y Fernando en el Festival Mundial de Chicago en 2010 (Chicago

World Music Festival) y también tocamos en San Francisco y Berkeley, California y en el Festival de Bachata en Reno, Nevada.

LA ENTREVISTADORA: ¿Tienes un álbum nuevo ahora?

JOAN: Sí. Se llama Bachata Haití. Grabé el álbum con un grupo de músicos haitianos. Es el primer álbum de bachata en criollo. Tiene canciones en español y en criollo.

LA ENTREVISTADORA: ¿Y por qué hiciste este proyecto?

JOAN: Hay mucha atención en los conflictos entre la República Dominicana y Haití, especialmente en las noticias. Queríamos ofrecer una alternativa.

LA ENTREVISTADORA: El nuevo álbum se llama Bachata Haití. Las canciones son muy lindas. ¿Hay más qué quieres tú decir?

JOAN: ¡Sí! !Yo sé cómo hacerlo!

LA ENTREVISTADORA: Gracias por estar aquí, Joan.

JOAN: ¡Muchas gracias por invitarme!

# CAPÍTULO 20

## Volviendo a La Luisa

*La Luisa, 2019*

Joan maneja de camino a La Luisa, Monte Plata con Alexandra, su esposa, y su hijo Jordy. Normalmente, Jordy juega béisbol, pero hoy va con la familia

a La Luisa. La Luisa está a cincuenta y cinco (55) kilómetros de la capital. Es más o menos una hora desde Villa Mella, donde Joan Soriano todavía vive.

Escuchan el disco de Joan, «Vocales de Amor». Joan canta con el CD.

Canta con el ritmo de la música y el ritmo de su corazón.

*Tom tom tom tom*

*Pum pum pum pum*

*Bum bum bum bum*

*Chu-cutún Chu-cutún*

*Cun cun cun cun Cun cun cun cun*

Pasa por el último colmado[21] de camino a La Luisa, sonriendo y cantando. Alexandra habla con Jordy. Llevan dos de las guitarras de Joan en el carro, una güira y tambores.

El camino a La Luisa no fue solamente de una hora. Fue toda una vida. Fueron más de treinta años. Cuando tenía doce años, se fue de La Luisa porque quería ser músico.

Nunca se dio por vencido.

Nunca en su vida sembró yuca.

Trabajó en un car wash por solamente tres días.

Y hasta ahora manda dinero a La Luisa, donde todavía vive su mamá.

«Yo sé cómo hacerlo» piensa Joan.

Joan ve la casita de su familia donde nacieron los quince hijos de Candé y Juana. Antonio (Tonio), Ayika, Aurora (Dora), Estabania, Tatico, Manuel (Uney), Joaquín, Juanito (Joan), Fefa, Teresa, Amparo, Orlando, Fernando, Julito, Nelly y Griselda.

Allí, fuera de la casa de su mamá, está su hermanita

---

[21] convenience store; bodega or pulpería in Spanish in some other places

Griselda. Ella vive en Carolina del Norte. Está en La Luisa de visita para el día de las madres.

Juana sale de la casita con café para todos.

Tatico vive en una casa cercana y camina hacia la casita para tomar un café y visitar a Griselda y Joan.

Allí, fuera de la casita de sus padres en la terraza, Griselda y Joan tocan sus bachatas favoritas. Alexandra y Jordy escuchan.

Los hijos de Juana muchas veces le han ofrecido construir una casa nueva para ella. Ella nunca quiso dejar la casita que le construyó Candé para ella. Cuando falleció Candé, nunca quiso una casa más grande.

—No, no. Ya yo me siento bien con mi casita de madera. Tengo árboles de aguacate, de coco, de banano, de mango. ¿Qué más necesito? Yo tengo todo lo que necesito aquí. Lo que deben construir mis hijos son sus propias vidas. Nacieron todos mis hijos aquí. Uno tras otro. Ahora hay catorce.

Tatico repite:

—Éramos quince. Quedamos catorce.

Todos afirman en silencio, pensando en Fernando y Candé.

—El pasado se ve atrás. Eso no se puede. El pasado es el pasado. Lo que se perdió, se perdió —dice Juana.

Los nietos juegan cerca de la casa.

Joan no les dice: «Los niños pa' fuera». Nunca lo dice.

Al contrario, les dice:

—Vengan acá. ¿Quieren tocar la güira?

Le da los tambores a Jordy y los empieza a tocar.

Joan y Griselda cantan y los nietos de Juana y Candé tocan los tambores y la güira.

Juana mira la güira y les dice:

—¿Recuerdan cuando ustedes robaron mi guayo de coco de la cocina?

Joan dice:

—¿Y Tatico hizo las maracas de Pica Pica?

Tatico sonríe también.

—¿Y cuando te robó esa guitarrita que tú hiciste? —Juana sonríe pensando en sus hijos cuando eran chiquititos—. Joan pensaba que estaba escondido, pero no estaba escondido nada.

—Me regaló la guitarrita —recuerda Joan.

—¡No fue así, Joan! Yo te dije: «Te voy a dar mi guitarra y tú me das tu comida». ¡Yo comí muy bien esa noche! —dice riendo Tatico.

Joan empieza a tocar otra canción mientras los

nietos tocan y Griselda canta.

Una nieta vuelve a los brazos de Juana. Se sienta con ella.

—Canta con tu tío Joan. Tú tienes una voz muy linda. Hay que usar el talento que Dios te dio. Hay que encontrar tu propio camino.

—Cuéntanos otra vez del día cuando tío Joan salió de La Luisa para ser músico —le dijo la nieta a su abuela.

Joan ríe y le dice:

—Y allí, ya hay que dejar, cariño, porque el cuento es demasiado largo. Vamos. Cantemos, niños. Necesitamos más músicos en esta familia.

Y sigue dándole.

### Vocales de amor
*Joan Soriano*
*Albúm: El Duque de la Bachata 1998*

*Ya yo no sé lo que hago,*
*ya yo no sé lo que hacer.*

*Mi vida se está acabando*[22]*,*
*porque se fue mi mujer.*

*Todo lo veo distinto,*
*desde que ella se me fue.*

---

[22] my life is ending because my wife has left

*Todo lo veo distinto,
desde que ella se me fue.*

*Paso las noches pensando,
ay se me fue mi mujer.*

*Ya yo no vivo sin ella,
quiero que vuelva otra vez.*

*Ay, día y noche sufriendo,
ay, yo quiero a mi mujer.*

*Todo lo veo distinto,
desde que ella se me fue.*

*Todo lo veo distinto,
desde que ella se me fue.*

*Ay día y noche sufriendo,
ay, yo quiero a mi mujer.*

*AMOR*
*Amor amor amor es lo que siento por ti.*

*AMOR*
*Amor amor amor es lo que siento por ti.*

*AMOR*
*Amor amor amor es lo que siento por ti.*

*Amor amor, amor amor, lo que siento por ti.*

*Dios mio quiero que vuelva,
quiero que vuelva otra vez.*

*Dios mio quiero que vuelva,
quiero que vuelva otra vez.*

*Ay, día y noche sufriendo,
quiero ver a mi mujer.*

*Ay, día y noche sufriendo,
quiero ver a mi mujer*

*Todo lo veo distinto,
desde que ella se me fue.*

*A M O R
Amor amor amor es lo que siento por ti.*

*A M O R
Amor amor amor es lo que siento por ti.*

*A M O R
Amor amor amor es lo que siento por ti.*

*Amor amor, amor amor, lo que siento por ti.*

*A M O R
Amor amor amor es lo que siento por ti.*

*A M O R
Amor amor amor es lo que siento por ti.*

*A M O R
Amor amor amor es lo que siento por ti.*

*Amor amor, amor amor, lo que siento por ti.*

## THANKS

To Contee Seely and Margarita Peréz García who edited and proofread and Pablo Ortega Lópcz (POL) who both edited and also manifested beautiful illustrations of Joan's story.

For consulting on the African roots of bachata music, Fafa Blagogee.

To my Dominican friends who edited, corrected illustrations and patiently drew on napkins the structure of homemade instruments made by the Soriano children.

Yban Rosario, Dahiana Castro and the members of Joan Soriano's band, Nicolás Frías, segunda guitarra y cantante; Guarino de la Cruz "El Guaro", el bajo y cantante; Antonio Rodríguez "Rubio", tambora y bongo; Alexis Pineda "Alex", güira; Carlos la Paix Canela, güira.

To Adam Taub, DJRJ Ron Swarsen and Carlos Cinta, bachata experts from whom I learned so many details that appear in this book.

To Nathalia Sánchez who transcribed the video interviews.

And to juanito Juárez, my first bachata teacher. There is no better dance than barefoot in the sand with you.

Mostly I am grateful to Joan Soriano for having such an amazing story to tell, for wanting to share it, for trusting me to come up with the words to tell it and for patiently waiting for this book to be in his hands. Joan, por fin, ¡yo sé cómo hacerlo!

## Note from Karen Rowan:

This book took several years to write. I wanted to tell the story of Joan Soriano from the first time I heard about him hiding under chairs to listen to bachata music. I felt the same crawl-under-a-chair love for bachata. While bachata was born in my heart and lives there, it is not mine. It is not in my blood or my history.

When we write a story we risk erasing the memories that were there in the telling of it before. I wanted to amplify, not erase. So I proceeded very carefully. I first interviewed Joan in Denver on video. Then I followed him to concerts in Los Angeles, Chicago and San Francisco and then went to the Dominican Republic, where I met his family and heard his stories retold from his family's perspective. On every visit I listened and I asked more and more questions.

The book is written specifically for language learners and I hope it will be taught by Spanish teachers to their classes (go to fluencyfast.com/bachata) so that they can experience this story so deeply that they love bachata music and can even dance bachata by the time they finish.

I hope that those who are already fans of Joan Soriano will read this book and learn about and be inspired by his determination and that their appreciation of his music will grow as they learn of the path that brought him to these international concert stages.

I have transcribed Joan's story in his words in many places, bridging where his memories have faded, but checking details with him and verifying language with Dominican friends and experts and using Whatsapp to verify details, years and names.

Our book is the story of Joan Soriano's tenacity. My hand did the writing. Our shared love of bachata brought it to paper. We hope that by the time you finish this book you will have become a fan and supporter of not just Joan Soriano's music but all bachata music, musicians and dancers.

## About Karen Rowan

Karen Rowan began teaching Spanish using Comprehension-Based Methods in 1996 while teaching high school Spanish. She presents inservices on TPR Storytelling®, Comprehension-Based Methods, Reader's Theater, Self-Coaching for teachers, Storytelling and Personalization, curriculum development and does in-class demonstrations and coaching. Rowan has trained teachers all over the world for more than 25 years.

She is the author of Las aventuras de Isabela, Isabela captura un congo, Carl no quiere ir a México, Don Quijote: El último caballero, El callejón del beso, (also in French, Latin and English), The Fluency Fast Guide to Self-Coaching, Reader's Theater for the World Language Classroom, the TPR Storytelling® ancillaries for Pearson/Prentice Hall's Paso a paso and Realidades textbooks and was the editor of The International Journal of Foreign Language Teaching (IJFLT) for 15 years. In 2019 when long-time publisher Contee Seely retired, she became the new owner of Command Performance Language Institute.

She is the founder and admin of the IFLT / NTPRS / CI Teaching Facebook page and co-directs the #CIReboot, an annual online conference for language teachers, with Adriana Ramírez and Dahiana Castro, and is the director of Fluency Fast Language Classes.

In her spare time she travels, learns French, dances Bachata and spends time with her most favorite person, her daughter and muse Kassidy.

## Karen Rowan's other books

### *Las aventuras de Isabela*
Book 1 – Isabela Series – 200 unique words – 2200 total words

Isabela is a precocious 8 1/2-year-old girl who can't seem to keep herself out of trouble on a visit to Guanajuato, Mexico, with her mother. She's dramatic. She sings on the bus, screams when she tastes chile powder on her fresh mango, and falls in love with puppies. She has numerous amusing adventures just because she can't keep still.

### *Isabela captura un congo*
Book 2 – Isabela Series – 350 unique words – 3500 total words

Isabela is a precocious 9 1/2-year-old girl who finds herself in trouble again while visiting Costa Rica with her mother. "I don't cause problems!" she insists. "Problems find me." Isabela and her friend Daniel plan to capture and train a howler monkey. When a baby monkey shocks himself on an electrical wire and falls from a tree, they try to save his life.

## Carl no quiere ir a México
Book 3 – Isabela Series – 350 unique words – 5000 total words

Nine-year-old Carl and his mother are moving to Guanajuato, Mexico. He doesn't want to go! When he gets there, he doesn't speak Spanish. He misses his favorite foods. He has no friends. He's desperately unhappy. Things change when he notices stray dogs on the streets and he starts playing soccer. How can he become a happy boy in Mexico?

## Don Quijote, el último caballero

for intermediate beginners and advanced beginners; in present tense and the same story also in past tense; written to be acted out in a class; beautifully illustrated by Pablo Ortega López; fewer than 200 unique words and 1400 total words.

Don Quijote, el último caballero is an amusing, ironic and tragic story based on Miguel de Cervantes' 17th-century novel Don Quixote de La Mancha. The story features the most famous scenes—the waitress Dulcinea that the Spanish gentleman Don Quijote thinks is a beautiful lady, windmills that he thinks are an army of giants, shepherds and sheep he believes are going to attack him and his humble companion Sancho Panza.

### El Callejón del Beso

is a well-known legend from Guanajuato, México that took place in an alleyway that was so narrow that two people could stand on the balconies on either side and kiss. Don Luis and Doña Carmen meet and fall in love in Guanajuato, but their love is forbidden in the Mexico of 200 years ago. She is the daughter of a wealthy man and he is a miner in the silver mines. Will they find a way to run away together and marry? Even today the story of the Callejón del Beso is re-told. People come from all over the world to kiss on the third stair step of the Callejón del Beso in search of seven years of good luck. Kissing on the wrong step, though, brings seven years of bad luck. El Callejon del Beso is a novel for level 3 students of Spanish in the Fluency Fast series of readers. It uses a vocabulary of 430 Spanish words, including 50 cognates and many previously known words, to tell a 2,767-word story with past, present, and future tenses, and conditional mode and present and past subjunctive. The vocabulary is high frequency and includes the 24 highest frequency verbs in Spanish as well as words appropriate to the time period of 200 years ago.

**Audio books and teacher's guides are available at**
*www.commandperfomancebooks.com*

# GLOSSARY

## A

**(voz) alta** loud (voice)
**a / al** to / to the
**abajo** down (arriba y abajo)
**abiertos (ojos muy abiertos)** open (wide open eyes)
**(ella) abrió** she opened
**acá** here
**aconsejo (le)** I advise, recommend
**¿adónde?** (to) where?
**adulto / adultos** adult / adults
**afirman** they affirm, confirm, agreed
**afirmó** affirmed, confirmed, agreed
**afuera** outside
**agarraba** would grab (imperf.)
**agarrar** to grab
**agarré** I grabbed
**agarró** he grabbed
  **le agarró** he grabbed him
**agricultura** agriculture
**aguacate** avocado
**ahora** now
**aire (al aire libre)** air (in the open air, outdoors)
**al (a+l)** to the
  **al contrario** on the contrary
**álbum/álbumes** album(s)
**algún / algunos** some
**allá** there
**allí** there
**alma** soul
**alternativa** alternative
**altos (edificios)** tall (buildings)
**amigo / amigos** friend / friends
**amor** love
**antes** before
**anuncio** announcement / advertisement
**años** years
**aplaudieron** they applauded
**aprenden / aprender** they learn / to learn
**aprendí** I learned
**aprendiste** you learned
**apuntó** pointed
**aquel** whoever
**aquí** here
**árboles** trees
**arriba** up (arriba y abajo) / above
**así** like this
**atrás (puerta de atrás)** behind (back door)
**aún** even
**aunque** even though
**ayudar** to help
**ayude (que Dios te ayude)** help (that God help you) (subjunctive)

# B

**bachata / bachatas** Bachata is the music and the dance of the Dominican Republic
**bachatero/s** those who dance or play bachata music
**bailaba** would dance (imperf.)
**bailaban** they would dance (imperf.)
**bailando** dancing
**bailar** to dance
**bailarán** they will dance
**bailaron** they danced
**baja / bajo** short
**(el) bajista** (the) bass guitarist
**bajó** lowered / got down
**banano / bananos** banana / bananas
**banda** band
**béisbol** baseball
**Bélgica** Belgium
**bien** well
**bienvenido** welcome
**borracho** drunk
**botella / botellas** bottle / bottles
**brazo / brazos** arm / arms
**buen / bueno** good
**busca** looks for
**buscaba** looked for (imperf.)
**buscando** looking for
**buscar** to look for
**buscaran** (that) they look for (imperf. subjunctive)
**buscas** you look for

# C

**cada** each
**café** coffee
**caliente** hot
**calle** street
**calor / hacía calor** heat / it was hot (imperf.)
**cambiar** to change
**camina** walks
**caminando** walking
**camino** path, road
  **de camino** on the way
  **el camino hacia el futuro** the path toward the future
  **estrechar su camino** to destroy his path
  **tu propio camino** your own path
**caminó** walked
**campo** countryside / rural part of the Dominican Republic
**canción / canciones** song / songs
**canta** sings
**cantaba** sang (imperf.)
**cantaban** they sang (imperf.)
**cantan** they sing
**cantando** singing
**cantante** singer

**cantar** to sing
**cantaron** they sang
**cante** sing (command)
**cantemos** let's sing
**cantó** he sang
**cara** face
**Caribe** Caribbean (Sea)
**cariño** affection, darling
**Carolina del Norte** North Carolina
**caros** expensive
**carro / carros** car / cars
**casa / casas / casita** house / houses / little house
**casi** almost
**catorce** fourteen
**cayó** fell
**celebrando** celebrating
**centavo / centavos** cent / cents
**cerca de** close to, near
**cercana / cercanas** nearby
**cerrada / cerrado** closed / enclosed
**cerró** she closed
**cerveza** beer
**chiquita/chiquito / chiquititos** small / smallest
**cien** one hundred
**cincuenta y cinco** fifty-five
**círculo** circle
**ciudad** city
**cocina** kitchen
**cocinaba** cooked (imperf.)
**cocinaban** they cooked (imperf.)
**cocinando** cooking
**cocinar** to cook
**coco / ramas de coco** coconut / branches of a coconut tree
**colmado** convenience store; bodega or pulpería in Spanish in some other places
**contrario** contrary, opposite
  **al contrario** on the contrary
  **todo lo contrario** totally opposite
**comenzaron / comenzó** they began / he, she, it began
**comí** I ate
**comer** to eat
**comían** they ate (imperf.)
**comida** food
**como** like, as, as if
**cómo** how
**compraba** bought (imperf.)
**compramos** we buy
**comprar** to buy
**comprarle** to buy for him, her
**compró** he bought
**con** with
**concierto /conciertos** concert / concerts
**conflictos** conflicts
**conformarse** to resign oneself / accept
**conformidad** conformity / acceptance / resignation
**confundido** confused
**conmigo** with me
**conocía** he, she knew, was familiar with (imperf.)
**conocían** they knew, were familiar with (imperf.)

**conocidos** known
**consolar** to console, to comfort
**construir** to build
**construyendo / construyó** building / built
**contento / contentos** happy
**contigo** with you
**continuó** continued
**(les) contó** he told (them)
**conversación** conversation
**corazón** heart
**corriendo** running
**cosas materiales** material things
**criollo** Haitian creole (language)
**¿cuáles?** which?

**cuando** when
**¿cuántos? / ¿Cuántos años tienes?** how many? / How old are you?
**cuarenta y cinco** forty-five
**cuatro** four
**cuello** neck (here, of the guitar)
**cuéntanos** tell us
**cuentos de hadas** fairy tales
**cuerdas** (guitar) strings
**cuidado / tenía mucho cuidado** care, careful / he was very careful (imperf.)
**cuidadosamente** carefully
**culpa (si tengo la culpa)** blame (if I am to blame)

# D

**da / le da** gives / gives it to him, her
**daba** gave (imperf.)
**(has) dado** (you have) given
**dale** give her / play it
**dando** giving (here used as an expression meaning playing the guitar)
**dándole** playing it (giving it to it)
**dar** to give
   **dar una pela** to give a spanking or a beating
**das / me das** you give / you give me
**de** of, from

**de repente** all of a sudden
**debajo de** under
**debe / deben / debes** should / must
**decidió** decided
**decía** she used to say, would say, said (imperf.)
**decían** they used to say, would say (imperf.)
   **a él le decían** he was called
**decir** to say / to tell
**decisión** decision
**(se) dedicaba a** he dedicated (himself) to (imperf.)
**dedo(s)** finger(s)
**deja** leave (alone)

**(nunca) dejaban de + infinitivo** they (never) stopped (doing something) (imperf.)
**déjalo tranquilo** leave (him alone)
**dejar** to leave, let, stop
  **dejar de + infinitivo** to stop (doing something)
**dejaron** they left (something)
  **dejaron de + infinitivo** they stopped (doing something)
**déjeme + infinitivo** let me (do something)
**(no) dejes** (don't) leave (something)
**dejó** he left (a place, thing or people)
  **dejó de + infinitivo** he stopped (doing something)
**del** of the
**demás** the others, the rest
**demasiado** too much
**demo** demo, audition
**dentro de** inside, within
**desde** from, since
**deseo (lo que te deseo)** I wish, desire (what I wish for you)
**despacio** slowly
**después (de)** after, afterwards
**día(s)** day(s)
**dice** he says
**dices** you say
**dieciocho** eighteen
**diez** ten
**dijo** she, he said
**dije** I said
**dijeron** they said
**diles** tell them
**dime** tell me
**dímelo** tell it to me
**dinero** money
**dio** She, he gave
  **se dió cuenta** he realized
**Dios** God
**dirección** address
**directamente** directly
**disco** CD
**distancia** distance
**distinto / distintos** different
**doce** twelve
**docenas** dozens
**documental(es)** documentary, documentaries
**(le) dolían** they hurt (him) (imperf.)
**¿dónde?** where?
**donó / donaron** he donated / they donated
**dormido / dormidos** asleep
**dos** two
**doy, te doy** I give , I give to you
**dueño** owner / manager
**durante** during
**durmiendo** sleeping
**durmió** she, he slept
  **se durmió** he, she fell asleep
**dura / duras / duro** hard

# E

**e** and
**edificios** buildings
**el** the
**él** he
**eléctrica/eléctrico** electric
**ella** she
**ellos** they
**emisora** station (radio)
**empecé** I began
**empezaban** they began (imperf.)
**empezaron** they began
**empezaste** you began
**empezó** he began
**empieza** he begins
**en** in, on
**encima de** on top of
**encontrar** to find, encounter
**enojado** angry
**(que se) enojara** to become angry, get mad (imperf. subjunctive)
**enseñarse** to teach himself
**enseñó / se enseñó** taught / taught himself
**entendía** he understood (imperf.)
**entonces** then
**entrar** to enter
**entre** between, among
**entrevista** interview
**entrevistadora** interviewer
**entró** he entered
**era / éramos / eran** was / we were / they were
**eres** you are
**es** is
**esa** that
**escándalo** scandal
**esconderse** to hide
**escondidas /escondidos / escondido** hidden
**escondió** he hid
**escucha** listens to, hears; listen to (command)
**escuchaba** listened to, heard (imperf.)
  **se escuchaba** was heard (imperf.)
**escuchaban** they listened to, heard (imperf.)
**escuchan** they listen to
**escuchando** listening to
**escuchar** to hear, listen to
**escucharán** you guys will hear
**escucharle** to hear, listen to him
**escucharlo** to hear, listen to him
**escucharon** they heard, listened to
**escuchen** listen (command)
**escuchó** she, he heard
**escuela** school
**ese / eso** that
**especialmente** especially
**esperó / esperando** he waited / waiting
**espontánea** spontaneous
**esposa** wife

**esta** this
**está** is
**estaba / estaban** was / were (imperf.)
**Estados Unidos** United States
**están /estás / estar** they are / you are / to be
**este** this
**estiró** he stretched
**esto** this
**estoy** I am
**estrechar** to damage
**estudios** studios
**Europa** Europe
**experiencias** experiences
**explicó** he explained
**extranjero** stranger

# F

**falleció** passed away, died
**faltaba** was lacking (imperf.)
**faltaban** were lacking (imperf.)
**familia** family
**familiar** familiar, recognizable
**famosos** famous
**fascinado** fascinated
**favoritas** favorite
**felicidad** happiness
**festival / festivales** festival(s)
**fiesta / fiestas** party / parties
**flaco** skinny
**fondos** bottoms
**formaron** formed
**frustrado** frustrated
**fue** went / was
**fuera** outside / were (imperf. subjunctive)
   **fuera de** outside
   **como si fuera** as if he were
**fueron** they went / they were
**fuerte** strong
**fuiste** you went
**futuro** future

# G

**gallina(s)** hen(s), chicken(s)
**galones** gallons
**ganaba** earned (imperf.)
**ganaban** they earned (imperf.)
**ganar** to earn
**ganó** won
**gente** people
**golpe / golpeando / golpeó** (a) blow or hit / hitting / he hit
**grabar** to record
**grabé** I recorded
**gracias** thank you, thanks
**grande / grandes** big
**gritó** she, he yelled
**gruesas** thick
**grupo** musical group / group
**guayo de coco** coconut shredder
**güira** instrument in a bachata band

**guitarra / guitarras / guitarrita** guitar(s) // little guitar
**guitarrista** guitar player
**(le) gustaba** it was pleasing (to him, her) (imperf.)
**(a mí me ha) gustado** (to me it has) been pleasing
**(le) gustó** (he, she) liked

# H

**había** there was, there were, had (imperf.)
   **había (inventado)** had (invented)
**habitación** room
**habla** talks
**hablaba** talked, was talking (imperf.)
**hablando** talking
**hablaron** they talked
**habló** she, he talked
**hace** she, he makes
**hacer** to do, make
**hacerlo** to do it, to make it
   **Yo sé cómo hacerlo** I know how to do it
**haces** you make
**hacia** toward
**hacía** made (imperf.)
   **hacía calor** it was hot
**hacían** they did (imperf.)
   **se hacían (fiestas)** happened (imperf.) (parties)
**(cuentos de) hadas** fairies (fairytales)
**hago (ya no sé lo que hago)** I do (I don't know what I'm doing anymore)
**haitianos** Haitians, people from Haiti
**(tener) hambre** (to be) hungry
**han (ofrecido)** they have (offered)
**has (viajado)** you have (traveled)
**hasta** until, even
**hay** there is, there are
**hazlo** do it (command)
**(te) he (venido)** I have (come to you)
**hermana / hermano / hermanita** sister, brother, little sister
**hicieron** they did, they made
**hicimos** we did, we made
**hiciste** you did, you made
**hijo / hijos** son, children
**historia** story
**hizo** she, he did, made
**hojita (de papel)** a little piece, leaf, sheet (of paper)
**hombre** man
**hora / horas** hour, hours
**hoy** today

# I

**iba (a dar una pela) / iban** he was going / they were going
**idea** idea
**impresionante** impressive
**inmediatamente** immediately
**instante** instant
**instrumento(s)** instrument(s)
**(a la gente le) interesaba (el muchacho)** (the people) were interested (in the boy) (imperf.)
**interior** interior, inside
**invenciones** inventions
**(había) inventado** (had (imperf.)) invented
**inventar** to invent
**inventó** he invented
**inversión** investment
**invítale / invitarme / invitó** invite him (command) / to invite me / invited
**ir** to go

# J

**joven / jóvenes** young / young people
**juega / juegan** he plays (basc-ball) / they play
**jugo** juice
**juntos** together

# K

**kilómetros** kilometers

# L

**la / las** the, her, it / them
**la capital (Santo Domingo)** the capital (of the Dominican Republic)
**labios** lips
**lados** sides
**largo** long
**lata(s)** can(s)
**latía** beat, was beating (imperf.)
**latido** heartbeat
**lavar** to wash
**le / les** to him / to them
**leer** to read
**(se) levantaron** they got up
**(se) levantó** got up
**leyó** he read
**libre (al aire libre)** free (outdoors, in the open air)
**linda (s) / lindo (s)** pretty, beautiful
  **qué lindo** how nice, how beautiful

**llama** calls
**(se) llamaba** was called (imperf.)
**llamadas** calls (phone calls)
**llamado** called
**llamando** calling
**llamó** called
**llegar** to arrive
**llegaron** they arrived
**llegó** she, he arrived
**lleva (un vocabulario)** it has, carries in it
**llevaba** carried (imperf.)
**llevan** they're taking, carrying
**llevar** to take
**(lo) llevaron** they took (him)
**llevas (en la sangre)** you carry (in your blood)
**(no lo) llevo** I (won't) take (him)
**(lo) llevó** took him
**llorar** to cry
**lo** it, him, thing
   **lo suyo** his thing, his talent, the thing he liked to do
**los** them
**lugar(es)** place(s)
**luz** light

# M

**mejor** better
**memorables** memorable
**memorias** memories
**menores** younger people, underage
**menos** less
**mente** mind
**metal** metal
**metió** he put, stuck
   **se metió** he stuck or put himself
**mi** me
**mía** of mine
**miedo** fear
   **tuvo miedo** was scared or afraid
**mientras** while
**mijo** my son (term of endearment)
**miles** thousands
**minutos** minutes
**mío / míos** of mine
   **Dios mío** my God
   **lo mío** my kind of work
   **no es trabajo mío** isn't my kind of work
**mira** look (command), looks at
**mirando** looking (at)
**miraron** they looked at, watched
   **se miraron** they looked at one another
**mire** look (command)
**miren** look (command)
**miró** looked (at)
**mis** my
**misma / mismo / mismos** same
   **sí mismo** himself
**mitad** half
**momento** moment

motivos motives, reasons
movió moved
muchachito little boy
muchacho(s) boy(s)
mucha / muchas / mucho / muchos a lot / many / much / many
mujer woman, wife
  mi mujer my wife
mundial world (adjective)
mundo world
música music
músico(s) musician(s)
muy very

# N

nacieron they were born
naciste you were born
nada nothing, (not) at all
nadie no one
necesitaba needed (imperf.)
necesitamos we need
necesitan / necesitas / necesito they need / you need / I need
negocios business
  hombre de negocios businessman
negro(s) black
nervioso(s) nervous
ni neither, nor, not even
  no podía ni he couldn't even
nieta/nietos granddaughter, grandchildren
niño(s) child, children
noche(s) night, nights
nombre name
normalmente normally
nosotros we
noticias news, news media
nuestra / nuestro our
nueva / nuevas / nuevo / nuevos new
número number
nunca never
nylon nylon (fishing line)

# O

o or
ocho eight
oficio job, trade, line of work
ofrecer to offer
ofrecido (le han ofrecido) offered (they have offered her)
oído ear
  toco de oído I play by ear
oiga listen to (command)
ojos / ojitos eyes, little eyes
once eleven
opciones options
oportunidad opportunity
otra / otras / otro / otros other, another, others
oye / oyó listen to (command) / heard

# P

**pa'/para** for
  **pa' fuera** outside, away
**padre(s)** father, parents
**pagaban** they paid (imperf.)
**pagan** they pay
**pagaron** they paid
**pago (les pago)** I pay (I'll pay you all)
**palabras** words
**palito** little stick
**papá** dad
**papel** paper
**parado: vio el cuento mal parado** he saw the story ending badly
**parecía** appeared to be, seemed to be (imperf.)
**parte** part
**pasa** she, he passes; is happening; pass (command)
  **¿qué pasa?** what's happening?, what's wrong?
  **¿qué le pasa?** what's happening to her / him?,
**pasaba** was passing, spent (imperf.)
**(te) pasaste** you crossed the line, you went too far
**pasado** past
**paso** I spend
**pasó** she, he spent, passed; happened

**pecho** chest
**pela** spanking, beating
**pelo** hair
**pensaba** she, he thought, she, he planned to, I thought (imperf.)
**pensaban** they thought (imperf.)
**pensando** thinking
**pensar** to think
**pensara** (that) he think, to think (imperf. subjunctive)
**pensó** she, he thought
**pensado** thought
**pequeña / pequeñas / pequeñita / pequeñitas / pequeñito / pequeño** little
**perdió** lost
  **se perdió** has been lost
**permiso** permission
**permite: no se permite** are not allowed
**permitir** to allow, permit
**permitían** they allowed (imperf.)
**pero** but
**persona / personas** person, people
**(nylon de) pescar** fishing (line)
**peso(s)** Dominican unit of money
**pie(s)** foot / feet
  **de pie** standing, on his feet
  **se puso de pie** he stood up

**piedra(s)** stone(s), pebble(s)
**piensa / piensas / piensan** thinks, you think, they think
**piernas** legs
**pies** feet
**plástico** plastic
**plato(s)** plate, plates
**poco / pocos** little, little bit / few
  **poco a poco** little by little
**podemos** we can
**poder** to be able to
  **(hasta) poderla (encontrar)** until I can (being able to (find) it
**podía** was able to, could (imperf.)
**podían** were able to, could (imperf.)
**podría** would be able to, could
**policía** police
**ponen** they put
**poner** to put
  **ponerlas** to put them
  **ponerle la mano a la guitarra** to put his hand on the guitar
**ponían** they put (imperf.)
  **por** for, by, through
  **por aquí y por allá** here and there
  **por allá arriba** up there, up in that area
  **(vivo) por allí** around there, in that area
  **por eso** therefore, so
  **(viajar) por Europa** (to travel) around Europe
  **por fin** at last
  **por la mañana** in the morning
  **por las noches** at night
  **por los lados** on the sides
  **¿por qué?** why?
  **por teléfono** on the phone
  **por toda la casa** all over the house
  **por todo el mundo** all over the world
  **(se dio) por vencido** he gave up
**porque** because
**portado** behaved
**(me) porto** I behave
**practicaba** he practiced (imperf.)
**practicamos / practicando / practicar / practico** we practice / practicing / to practice / I practice
**preguntó** asked
  **se preguntó** asked himself, wondered
**premio(s)** prize(s)
**preocuparse** to worry
  **(no) te preocupes** (don't) worry (subjunctive)
**preparó** he prepared
**presentaron** they presented
**Presidente** brand name of Dominican beer
**primer / primera / primero** first

**primo** cousin
**princesa** princess
**problema** problem
**profesional /profesionales** profesional
**progresando / progresar** progressing / to progress
**prometió** promised
**propias / propio** own, belonging to

**público / públicos** audience, fandom, fans / public
**pudieron / pudo** they could / she/he could
**pueblo** town, village
**puede / puedes / puedo** he can, you can, I can
**puerta** door
**pues** well, so
**pusieron** they put

# Q

**qué** what
**queda: toque de queda** curfew
**quedamos** we remain
**quedarse / quédate / (me) quedo** to stay / stay (command) / I stay
**quería / querían / queríamos** she, he wanted, loved / they wanted, loved / we wanted (all imperf.)
**quiero** I want, I love

**quiere** she, he wants
**quieren** they want, love
**quieres** you want, love
**quince** fifteen
**quisiera** I would want (imperf. subjunctive)
**quiso** she, he wanted
**quitaba** took away (imperf.)
**quitarle** to take away from him, her

# R

**radio** radio
**Radio Guarachita** Radio station that started in 1964 in the Dominican Republic. When people migrated from the rural countryside to Santo Domingo in search of a family member, they would go directly to Radio Guarachita, as they didn't know their family member's address. An announcement would be made and the family members would pick them up at the station. Guarachita became a fixture of life for a large segment of the Dominican population.

**ramas (de coco)** (coconut) branches
**rápidamente / rápido** quickly
**reaccionaron** they reacted
**real** real
**recolecta** collection
**rectangular** rectangular
**recuerda** she, he remembers
**recuerdan** they remember
**recursos** resources
**redonda** round
**regaló** she, he gave, gifted
**(de) repente** all of a sudden
**repite / repitió** repeats / repeated
**requinto** A requinto is a guitar that has six nylon strings and is smaller than a standard guitar.
**respirar** to breathe, breathing
**respondió** he responded, answered
**(se) reunía** gathered (imperf.)
**(se había) reunido** gathered
**reunieron / se reunieron** they gathered
**(se) reunió** gathered
**ríe** laughs
**riendo** laughing
**ritmo** rhythm
**rizado** curly
**robar** to rob, steal
**robaron** they stole
**robó** he stole, robbed
**rompió** broke
**ropa** clothes
**ruido** noise

# S

**sabe** he knows
**sabes** you know
**sabía** he, she knew (imperf.)
**sabían** they knew (imperf.)
**sacando** taking out
**sacar** to take out
**sacaron** they took out
**sacó** she, he took out
**sale** comes out
**salió** went out, left, came out
**salir** to go out
**(¿de dónde tú) saliste?** (where) did you come from?
**salsa** salsa
**sangre** blood
**se** himself / herself / themselves (reflexive)
   **se dio cuenta** he, she realized
   **se educa** one educates, teaches himself
   **se educaba** educated, taught himself (imperf.)
**sé / yo no sé** I know / I don't know
**seguía** continued, kept on (imperf.)
**seguían** they continued, kept on (imperf.)
**seguir** to continue, keep on

**segunda / segundo** second
**segura / seguro** for sure, surely
**seis** six
**semana** week
**sembrando/sembrar** planting, to plant
**sembró** she, he planted
**semicírculo** semicircle
**señor / señora** Mister / Mrs., married woman
**sentado** seated
**(se) sentaron** they sat down
**(se) sentó** she, he sat down
**sentía** he felt (imperf.)
**(que) sepa** that he/she know how to (subjunctive)
**ser** to be
**seré** I will be
**sería** it would be
**servía (para la música)** would serve (be good) (as a musician) (imperf.)
**setenta** seventy
**si** if
**sí mismo** himself
**siempre** always
**(se) sienta** sits down
**siéntate** sit down (command)
**(me) siento** I feel
**(se) sintió** she, he felt
**siete** seven
**sigue** follows, continues, keeps on
   **sigue dándole** continues playing (giving it to it)
**síguele** follow him (command)
**siguiente (al día siguiente)** next, following (the next day)
**siguieron** they continued, kept on
**siguió** followed, continued
   **(los) siguió** followed (them)
   **la que me siguió a mí** the one who followed me
**silencio** silence
**silla(s)** chair(s)
**similar/ similares** similar
**simple / simples** simple
**sin** without
**sirves para músico** you serve (are good) as a musician
**sitio / sitios** place, places
**sobre** about
**sol** sun
**solamente** only
**solo** alone
**solución** solution
**somos** we are
**son** they are
**sonaban** they sounded (imperf.)
**sonido** sound
**sonreír** to smile
**sonríe** smiles
**sonriendo** smiling
**sonrió** he smiled
**soñaba con** he dreamed of (imperf.)
**soy** I am
**su / sus** his, her, your, their
**suave / suaves** soft, smooth
**(se) subió** raised (himself) up
**sudar** to sweat
**sudaron** they sweat

**sudando** sweating
**sudor** sweat
**suena** it sounds
**suerte** luck
  **(que) tenga suerte** (that) has luck, is lucky
**suficiente** suficiente, enough
**sufriendo** suffering
**(lo) suyo** his thing, his talent, the thing he liked to do

# T

**tabla de madera** wood plank
**talento** talent
**también** also
**tambores** drums
**tampoco** neither
**tan** so, as
**tanto** so much
  **tanto calor como** as hot as (so much heat as)
**tarde / más tarde / tardes** late, afternoon / later / afternoons
**te** you, yourself
**teléfono** phone
**tenedor** fork
**tenemos** we have
**tener** to have
**tenerla** to have her, it
**tengo** I have
**tenía / tenían** she, he had / they had (imperf.)
**tercera** third
**terminaron** they finished
**terminó** he finished, it ended
**terraza** terrace
**ti** you
**tiene** she, he has
**tienes** you have
**tiempo** time
  **en ese tiempo** at that time, in those days
**tierra** ground
**tío** uncle
**toca** she, he plays
**tocaba** she, he played (imperf.)
**tocaban** they played (imperf.)
**(has) tocado** (you have) played
**tocamos** we play
**tocan** they play
**tocando** playing
**tocar** to play
**tocara** (that) she, he play (imperf. subjunctive), to play
**tocaron** they played
**tocaste** you played
**toco de oído** I play by ear
**tocó** she, he played
**toda(s) / todo(s)** all
  **todo lo contrario** the complete opposite
**todavía / todavía no** still / not yet
**toma** she, he takes, drinks
**tomaba** she, he took (imperf.)
**tomando** is drinking
**tomar** to take, to drink
**tomarla** to take it

**tomó** she, he drank
**tome** take it (formal command)
**toque de queda** curfew
**toqué** I played
**(quiero que) toquen** (I want that) they play, (I want) them to play
**trabajaba** she, he worked (imperf.)
**trabajaban** they worked (imperf.)
**trabajando** working
**trabajar** to work
**trabajaran** that they work (imperf. subj.), them to work
**trabajo** job, work
**trabajó** she, he worked
  **hacía el trabajo de** did the work of (imperf.)
**no es trabajo mío** it's not the work for me
**traje** I brought
**tranquilidad** tranquility, peacefulness
**tranquilo (déjalo tranquilo)** tranquil, in peace (leave him in peace, leave him alone)
**trató** she, he tried
**treinta** thirty
**tres** three
**triste** sad
**tú** you
**tu / tus** your
**tuve** I had
**tuvieron** they had
**tuvo** she, he had

# U

**última, último** last
**un / una / uno // unas / unos** a, one // some
**usaba** she, he used (imperf.)
**usaban** they used (imperf.)
**usar** to use
**usó** used
**usted / ustedes** you (formal) / you all (formal)

# V

**va** she's, he's going
**vacía(s)** empty
**valorar** to value, appreciate
**varias, varios** various, several
**vas** you're going
  **te vas** you're leaving
**vamos** we're going (to), let's go
**van** they're going
**ve** he sees
**veces** times
**vecino(s)** neighbor(s)
**veía: se veía** she appeared (to him to be), she looked (imperf.)
**veinte** twenty
**ven** come (command)
**vencido** conquered, defeated

**se dio por vencido** he gave up
**venderla** to sell it
**vendió** sold
**venga** (that) he come, (when) he comes (subjunctive), come (formal command)
**vengan** (that) you guys come (subjunctive), come (plural command)
**venían** they came (imperf.)
**ventana** window
**veo** I see
**ver** to see
**verdad** true
  **de verdad** real
**verdaderas** real
**verlo** to see it
**verlos** to see them
**verte** to see you
**vestido** dress
**vete** go (command)
**vez** time
**vi** I saw
**viajamos** we travel
**viajar** to travel
**viajé** I traveled
**vida / vidas** life / lives
**vidrio** glass
**viejo** old

**viene** comes
**vienen** they come
**vieron** they saw
**vino** she, he came
**vio** she, he saw
**visita: de visita** visiting
**visitar** to visit
**vive** she, he lives
**vives** you live
**vivía** she, he was living (imperf.)
**vivían** they were living (imperf.)
**vivir** to live
**vivo** I live
**vocales** vowels, letters
**voces** voices
**volver** to return
**volverá** she, he will return
**volviendo** returning
**volvieron** they returned
**volvió** she, he returned
**voy** I go
**voz** voice
**(que) vuelva** that she return, her to return (subjunctive)
**(quieren que) me vuelva** (they want) that I return (subjunctive)
**vuelve** return (command), she, he returns

# Y

**y** and
**ya** already, since, now (that)
**ya no** not anymore

**yo** I
**yuca** yuca (cassava)

MISSION: The mission of Fluency Fast is to create and sustain a movement that causes a global shift in consciousness by transforming communications among individuals, communities, and countries and inspiring people to use language as a tool to build bridges with other cultures. Our goal is to dispel the myth that learning languages is difficult and to inspire people to have fun learning Arabic, French, German, Mandarin, Russian and Spanish, easily, inexpensively, effectively and in a brief period of time.

Many bilingual programs around the world whose missions are aligned with ours do not have sufficient access to English books and shipping is cost-prohibitive. Copies of many of our books are available on-line in English for free. Go to *www.fluencyfast.com/isabela.htm* to download.

For other Fluency Fast books, a schedule of upcoming classes and a list of our on-line language classes, visit us at *www.fluencyfast.com*.

Phone: 1-719-633-6000

*Fluency Fast is an equal-opportunity educator and employer. We do not discriminate on the basis of race, color, gender, creed, sexual orientation, disability or age.*